Jo

Adaptación didáctica y actividades por **Massimo Sottini**
Ilustraciones de **Duilio Lopez**

Redacción: Maria Grazia Donati
Diseño y dirección de arte: Nadia Maestri
Maquetación: Carlo Cibrario-Sent, Simona Corniola
Búsqueda iconográfica: Alice Graziotin

© 2013 Cideb

Primera edición: enero de 2013

Créditos fotográficos:
Istockphoto; Dreams Time; Shutterstock Images; © Charles & Josette
Lenars/CORBIS: 8tr; © COLUMBIA PICTURES/WebPhoto: br; Getty
Images: 38; © RobertHarding/CuboImages: 39t; Getty Images: b;
© Richard Cummins/Corbis: 40; WebPhoto: 58; © SONY PICTURES/
WebPhoto: 59t; WebPhoto: 59b; Getty Images: 68; 69b; 70; 86.

Todos los sitios internet señalados han sido verificados en la fecha de
publicación de este libro. El editor no se considera responsable de los
posibles cambios que se hayan podido verificar. Se aconseja a los
profesores que controlen los sitios antes de utilizarlos en clase.

Para cualquier sugerencia o información se puede establecer contacto con
la siguiente dirección:
info@blackcat-cideb.com
blackcat-cideb.com

Member of CISQ Federation

RINA
ISO 9001:2008
Certified Quality System

The design, production and distribution of educational materials
for the CIDEB brand are managed in compliance with the rules of
Quality Management System which fulfils the requirements of the
standard ISO 9001 (Rina Cert. No. 24298/02/S - IQNet Reg. No. IT-80096)

ISBN 978-88-530-1341-5   libro + CD

Impreso en Italia por Litoprint, Génova

Índice

Texto integralmente grabado.

Este símbolo indica las actividades de audición.

DELE Este simbolo indica las actividades de preparación al DELE.

Johnston McCulley con Guy Williams, el Zorro de la serie Disney

Johnston McCulley

Un escritor misterioso

Arthur Johnston McCulley nace el 2 de febrero de 1883 en Ottawa, en el Estado de Illinois. Hijo único, se sabe muy poco de su instrucción, como también de su vida privada. Lo cierto es que es considerado uno de los nombres más influyentes de la llamada literatura *pulp*.

Trabaja como periodista, y tal vez presta servicio en el ejército durante la primera guerra mundial. En 1917 se traslada de Ottawa a Colorado Springs, a la casa de su abuela, donde se dedica a su veradadera pasión: la escritura. En aquellos años nacen esos personajes que se han quedado en la historia de la literatura *pulp* estadounidense: primero *Black Star* (estrella negra), y dos años después *el Zorro*.

Pero en ese mismo año, en Nueva York, se publica también su novela *Broadway Bab*.

Es un autor muy prolífico, porque a lo largo de su vida escribe cientos de cuentos, utilizando también diferentes pseudónimos, y decenas de novelas. Es incluso guionista, [1] ya que las películas y series de televisión de sus obras también han contribuido a mantener su fama y la de sus personajes en el tiempo. Muere en Los Ángeles a los 75 años, el 23 de noviembre de 1958.

La maldición de Capistrano

El Zorro aparece por primera vez el 9 de agosto de 1919 en *All-story Weekly*, una de las más importantes revistas de literatura *pulp* de aquella época. Su título original es *The Curse of Capistrano* (la maldición de Capistrano). En la revista, donde aparece el primero de los cinco episodios que se editan, se habla de una historia donde «el amor y las espadas son lo que mandan la vieja California». Se trata de una historia ambientada en los primeros años del siglo XIX. El Zorro lucha contra las injusticias en las tierras de Reina de Los Ángeles cabalgando *Tornado*, su rapidísimo caballo negro. Antes de irse, el Zorro deja su marca en sus enemigos, la marca del Zorro, una gran Z hecha con su espada. En 1924 la marca del Zorro es tan famosa

---

1. **guionista** : escritor del contenido de una película.

que la historia se reedita como novela. Su título es *La marca del Zorro*. Desde entonces el Zorro es un famoso justiciero, conocido en muchos países del mundo.

La literatura *pulp*

Hay que decir algo también sobre la literatura *pulp*, un género muy conocido en las primeras décadas del siglo pasado en los Estados Unidos. Se trata de historias de carácter popular, publicadas a partir de finales del siglo XIX hasta los años '50 del siglo XX, en revistas de bajo coste (10 céntimos de dólar), para un público de trabajadores y gente con poco dinero. Los temas son muy variados, sin un género concreto en las historias. Simplemente son historias a bajo coste, que pueden ser vendidas a muchas más personas que antes.

Su creación se debe a Thomas Munsey, que publica en 1882 un semanal de historias para jóvenes, el *Golden Argosy*, cambiando después el nombre en *Argosy*, para atraer a un público de adultos. Desde aquel momento, el éxito de las publicaciones de Munsey es total, y las revistas de literatura popular surgen y se difunden en todo el país.

Comprensión lectora

1 **Ahora contesta a las siguientes preguntas.**

    1   ¿En qué año nace Johnston McCulley? ¿Dónde?

    2   ¿Dónde se traslada en 1917?

    3   ¿Cómo se llama el primer personaje creado por Johnston McCulley?

    4   ¿Cuándo aparece por primera vez el Zorro? ¿En qué revista?

    5   ¿Cómo se llama el caballo del Zorro?

    6   ¿Qué deja el Zorro en sus enemigos?

    7   ¿Cuándo se publican las primeras revistas de literatura *pulp*?

    8   ¿Cómo se llama la primera revista creada por Thomas Munsey?

Personajes

De izquierda a derecha y de arriba abajo: Don Diego Vega; el Zorro; Lolita Pulido; el sargento González; el capitán Ramón

Antes de leer

1 En la historia del Zorro se habla de lugares y figuras existentes en la California del siglo XIX. Asocia la palabra a la foto correspondiente.

a un fuerte   **c** una hacienda   **e** un hogar

b un soldado   **d** un fraile   **f** una cabaña

2 Ahora, ¿sabes asociar los nombres con sus definiciones?

1 ☐ Persona que lleva uniforme y defiende su país en las guerras.

2 ☐ Construcción utilizada como vivienda y hecha de materiales pobres.

3 ☐ Construcción militar fortificada en la que hay un cuerpo de guardia.

4 ☐ En las casas, lugar donde se arde leña para dar calor y luz.

5 ☐ Casa de campo.

6 ☐ Religioso de ciertas órdenes, por ejemplo de la de San Francisco, a la que está ligado por votos solemnes.

En la taberna

Reina de los Ángeles es un pueblo español, situado en el sur de California. En el pueblo hay un fuerte con soldados españoles, y una iglesia; es la misión española. Los frailes españoles también habitan en ella.

Alrededor del pueblo, hay hermosas haciendas con patios. [1]

Esta noche tiene lugar una terrible tormenta, está lloviendo. Hace una noche de perros.

En la taberna del pueblo, varios soldados y algunos hombres charlan tomando un trago.

El sargento Pedro González está con ellos, es un hombre enorme, muy conocido en los pueblos nacidos a lo largo del Camino Real, como se llama el camino que une a las misiones. Es una típica

---

1. **patio** : en un edificio, espacio que se deja al descubierto.

tormenta de febrero en el sur de California. En todas las haciendas arde el fuego en el hogar, mientras los tímidos nativos se refugian en sus cabañas de ladrillo, contentos de tener refugio.

Son los días de la decadencia de las misiones, y hay poca paz entre los militares y los frailes que viven en ella, siguiendo el ejemplo de fray Junípero Serra, fundador de la primera misión en San Diego de Alcalá.

Cuando la conversación decae,[2] uno dice:

—¡Qué noche tan terrible! ¿Dónde estará el Zorro con esta lluvia?

—¡El Zorro! ¡No debes mencionar ese nombre! Es un bandido y un criminal —dice el sargento González.

—Es el terror del sur de California —dice otro soldado.

—La gente dice que roba a los ricos para darlo a los pobres.

—Es amigo de los nativos y de los frailes, y castiga a la gente deshonesta —dice un hombre anciano.

—¡Ah! El Zorro es un personaje misterioso. ¿Quién es? No sabemos su nombre, ignoramos su origen. Siempre lleva puesta esa máscara negra, y nadie puede ver su cara. Cabalga rápido por el Camino Real, y es muy bueno con la espada —dice el sargento.

—Sí, y por todas partes deja la Z, su marca, ¡la marca del Zorro! —dice el anciano.

—Nadie es capaz de arrestarle. El gobernador de California ofrece una gran recompensa[3] por su captura —dice un soldado.

En ese momento, un hombre entra en la taberna. Es joven y de buena presencia, tiene los ojos y el cabello oscuros. Va vestido elegantemente.

---

2. **decaer** : terminar.
3. **recompensa** : suma de dinero.

—¡Don Diego Vega, amigo mío! —dice el sargento González—. Su traje está completamente mojado. ¿Adónde se dirige usted en una noche como esta?

Don Diego sonríe y dice:

—Me dirijo a mi hacienda, pero tengo frío y estoy mojado. Quiero tomar algo caliente.

—Venga aquí junto al fuego —dice el sargento— aquí tiene un buen caldo y un vaso de agua.

—Gracias amigo mío —dice don Diego— pero pueden continuar la conversación.

—Estamos hablando del Zorro, todo el mundo tiene miedo.

—¿Usted también tiene miedo, sargento? —pregunta don Diego.

—No, yo no tengo miedo, y estoy dispuesto a luchar con ese bandido. Soy el mejor con la espada, ¿qué opina usted don Diego? —pregunta el sargento.

—Todo el mundo habla acerca de ese misterioso hombre enmascarado. Mucha gente habla bien de él —dice don Diego.

—Yo quiero luchar contra él y capturarle, quiero la recompensa —dice el sargento González.

—No quiero oír hablar de lucha, odio la lucha y la violencia. Creo que el Zorro es sincero. Castiga solamente a los malvados. Protege a los pobres, a los nativos y a los frailes. Dejadle hacer su trabajo —dice don Diego.

—Usted es un hombre amable, ama la música y la poesía. Usted es rico y noble, por eso no entiende nada —dice el sargento.

Don Diego sonríe y dice:

—Son las siete de la tarde. Debo regresar a mi hacienda. Buenas noches a todos.

Abre la puerta de la taberna, y desaparece bajo la lluvia.

Después de leer

Comprensión lectora

1 Marca con una ✗ si estas afirmaciones son verdaderas (V) o falsas (F).

		V	F
1	El sargento González cree que el Zorro es un bandido y un criminal.	☐	☐
2	Una misión es una construcción militar, donde vive también el alcalde.	☐	☐
3	El sargento González es un hombre flaco y de mala reputación.	☐	☐
4	El Zorro es amigo de los nativos y de los frailes.	☐	☐
5	El gobernador de California ofrece una gran recompensa por su captura.	☐	☐
6	Cuando don Diego Vega entra en la taberna ya no llueve.	☐	☐
7	Todo el mundo habla del misterioso hombre enmascarado.	☐	☐
8	Don Diego ama la música y la literatura.	☐	☐

Gramática

Los artículos

Para introducir un nombre se utilizan artículos, que pueden ser **determinados** e **indeterminados**. Los artículos **en singular** son:

	masculino	femenino
determinados	el	la
indeterminados	un	una

mientras que **en plural** son:

	masculino	femenino
determinados	los	las
indeterminados	unos	unas

2 ¿Cuáles eran los artículos en el íncipit de la historia del Zorro?

Reina de (**1**) .... Ángeles es (**2**) .... pueblo español, situado en (**3**) .... sur de California. En (**4**) .... pueblo hay (**5**) .... fuerte con soldados españoles, y (**6**) .... iglesia; es (**7**) .... misión española. (**8**) .... frailes españoles también habitan en ella.

13

Léxico

3 La historia del Zorro tiene lugar en California, uno de los Estados Unidos. ¿Sabes asociar las siguientes banderas a sus respectivos países?

a España   c Estados Unidos   e Venezuela

b Argentina   d México   f Cuba

4 Ahora te presentamos algunos. ¿Sabes terminar las frases eligiendo cuál es su nacionalidad?

español/la	argentino/na	mexicano/na
estadounidense	cubano/na	venezolano/na

1 ¡Hola! Soy Pedro. Vivo en una isla muy hermosa del Caribe, y su capital es La Habana. Soy ....

2 ¡Hola a todos! Yo me llamo Marta. Andalucía es mi tierra y mi casa. Soy ....

3 ¡Buenas! Mi nombre es Ricardo y vivo en la punta más al sur de América, en la que llaman Patagonia. Soy ....

4 ¡Un saludo amigos! Soy Juanma y vivo con familia en Caracas. Soy ....

5 ¡Hola! Soy John. Juego al baloncesto y vivo en la ciudad de Boston. Soy ....

6 ¿Qué pasa, amigos? Mi nombre es Sofía y vivo en una playa muy bonita y muy renombrada en todo el mundo, que se llama Acapulco. Soy ....

El Zorro hace una visita

A las siete de la tarde, el sargento González y sus soldados están aún en la taberna, junto al fuego.

Todavía están hablando del rico don Diego y de su familia.

La puerta se abre de repente, giran la cabeza y ven a un hombre. Va vestido de negro con una máscara y un sombrero negros.

—¡El Zorro! —exclaman los soldados.

—¡Buenas noches! —dice el hombre enmascarado.

Los hombres en la taberna están muy sorprendidos y asustados.

El sargento González le mira atentamente y exclama:

—¿Qué deseas, bandido?

El Zorro se echa[1] a reír. Mira al sargento González y le dice:

—Estoy aquí para castigarle, sargento.

---

1. **echarse** : ponerse.

—¿Qué quiere decir? ¡Para castigarme! ¿Está bromeando? —replica el sargento.

—Estoy enterado de que usted va pegando a los pobres nativos. Yo soy amigo de los nativos. Así que estoy aquí para castigar a usted.

—Usted es idiota. El gobernador quiere su captura, vivo o muerto —dice el sargento González, desenfundando su espada para luchar.

En ese momento, el Zorro saca una pistola y observa tranquilo a los soldados que están a su alrededor. El sargento González mira la pistola y dice:

—Los hombres valientes no usan las pistolas, sino las espadas. ¿Acaso no es usted lo bastante valiente, Zorro?

—Esta pistola la necesito porque aquí están todos sus amigos. Deben permanecer todos junto al fuego sin moverse —dice el Zorro—. Tengo una pistola en mi mano izquierda y una espada en mi mano derecha. Estoy dispuesto a castigarle.

—Entonces, ¡en guardia, Zorro!

Los dos hombres luchan. Sus espadas son rápidas. Son rivales hábiles, pero el Zorro es listo, rápido y ligero, mientras que el sargento es lento y pesado. El Zorro salta sobre una mesa y después sobre una silla. El combate continúa, y el Zorro hace caer al suelo la espada del sargento. La cara del sargento se pone pálida, tiene miedo. Entonces, el Zorro le da una sonora bofetada[2] sobre su gruesa mejilla[3] y le dice:

—¡Aquí tiene su castigo, González!

Y le dibuja una Z sobre la camisa del enorme sargento con la punta de su espada.

___

2. **bofetada** : golpe dado con la mano.

3. **mejilla** :

El sargento González se queda inmóvil, como de piedra, rugiendo de rabia y de vergüenza.

—¡Hasta pronto, señor! —grita el Zorro. Se dirige a la ventana, la abre y se va.

Salta, y un instante más tarde desaparece.

Los soldados salen detrás de él corriendo, pero no consiguen ver nada a causa de la oscuridad y la lluvia.

—¿Veis? —grita el sargento González a sus hombres—. ¡Nadie más que un salteador de caminos,⁴ asesino y ladrón puede hacer eso! Ese hombre no lucha de un modo correcto. Solo usa la pistola, no la espada. He tenido que tirar mi espada al suelo.

González no dice la verdad, pero nadie se atreve⁵ a contradecirle.

Poco después, don Diego entra en la taberna.

—¿Qué pasa aquí? —pregunta—. ¿Por qué todo este ruido?

—¡El Zorro ha estado aquí! —contesta el sargento González.

—¿En persona? —pregunta don Diego—. Y ¿dónde está su cuerpo muerto?

El tabernero y los soldados se echan a reír. La cara de González se pone colorada.

—El Zorro se ha escapado —dice González—. Lleva una pistola. Ha salido por aquella ventana.

---

4. **salteador de caminos** : ladrón que asalta lugares deshabitados.
5. **atreverse** : arriesgar.

Después de leer

Comprensión lectora

1 **Marca con una ✗ la opción correcta.**

1 Los soldados en la taberna están hablando

    a ☐ del tiempo.

    b ☐ del gobernador de California.

    c ☐ de don Diego.

2 El sargento González mira atentamente al Zorro y exclama:

    a ☐ —¡Fuera de aquí, delincuente!

    b ☐ —¿Qué deseas, bandido?

    c ☐ —¡Vamos a luchar, ladrón!

3 El gobernador quiere

    a ☐ su ayuda.

    b ☐ su fuga.

    c ☐ su captura.

4 Los hombres valientes

    a ☐ no usan las pistolas.

    b ☐ no usan las espadas.

    c ☐ no usan los fuegos artificiales.

5 Las espadas del Zorro y del sargento González luchando son

    a ☐ ardientes.

    b ☐ rápidas.

    c ☐ lentas.

6 El Zorro dibuja una Z sobre

    a ☐ el pantalón del sargento.

    b ☐ el sombrero del sargento.

    c ☐ la camisa del sargento.

Gramática

Los verbos en presente de indicativo

La tres conjugaciones (**-ar, -er, -ir**) de verbos incluyen **verbos regulares e irregulares**. El modelo común para conjugar en presente de indicativo los verbos regulares es:

	viajar	comer	partir
yo	viaj **-o**	com **-o**	part **-o**
tú	viaj **-as**	com **-es**	part **-es**
él/ella/usted	viaj **-a**	com **-e**	part **-e**
nosotros/as	viaj **-amos**	com **-emos**	part **-imos**
vosotros/as	viaj **-áis**	com **-éis**	part **-ís**
ellos/ellas/ustedes	viaj **-an**	com **-en**	part **-en**

Los **verbos irregulares** se dividen en diferentes grupos. En algunos casos se puede encontar irregularidad únicamente en la primera persona de singular, o en la terminación (p. ej. dar — **doy**, estar — **estoy**), o bien en la raíz del verbo (p. ej. poner — **pongo**, hacer — **hago**).

En otros casos se encuentra en la raíz del verbo de las tres personas de singular (yo, tú, usted) y en la tercera persona de plural (ustedes). Los mayores grupos de irregularidad son **diptongación** (p. ej. volver — **vuelvo**, querer — **quiero**, poder — **puedo**, dormir — **duermo**) y **vacilación vocalica** (p. ej. pedir — **pido**, reír — **río**, decir — **digo**).

2 ¿Cuál es el verbo correcto entre los del cuadro? ¿Sabes encontrarlo y conjugarlo correctamente dentro de cada frase?

> poder   comer   salir   cabalgar   tomar
> volver   luchar   decir   querer

1   A la noche los campesinos .... a casa después de un día de trabajo.

2   El sargento González .... una copa de vino en la taberna.

3   El sargento .... a sus hombres que .... capturar al Zorro.

4   Los soldados .... el plato de carne que les ha preparado el tabernero.

5 El Zorro y el comandante González .... en el medio de la taberna.

6 El Zorro .... rápidamente por la ventana.

7 ¡Nadie .... vencer al Zorro!

8 El Zorro .... con mucha habilidad su caballo negro.

Los adjetivos

En español, para describir las **cualidades** y **características** de una persona o un objeto se utilizan los **adjetivos**. Por ejemplo, en los primeros dos capítulos del relato se dice que:

*El sargento es **enorme** y **fuerte**, pero también **lento** y **pesado**.*

Mientras que:

*El Zorro es **misterioso, rápido, listo**, y lleva una máscara **negra**.*

Los adjetivos pueden describir las características de un objeto, así que podemos decir que:

*Un tomate es un fruto **redondo, rojo** y **sabroso**.*

3 **¿Cuáles son los adjetivos adecuados para completar estas frases? Rellena los huecos con los adjetivos correctos.**

asustados	rica	sorprendidos	oscuros	joven
tímidos	contentos	noble	hermosas	hábil

1 Los .... nativos están .... de tener refugio en las cabañas de ladrillo.

2 Don Diego Vega es ...., y tiene los ojos y el cabello ....

3 El Zorro es un espadachín ....

4 Don Diego ama la música y la poesía; procede de una familia .... y ....

5 Las haciendas que están alrededor de Reina de Los Ángeles son ....

6 Cuando los hombres en la taberna ven al Zorro están .... y ....

Comprensión auditiva

4 A continuación vas a escuchar unos fragmentos en que los personajes de nuestra historia nos hablan el uno del otro. Escribe en la columna de la derecha los adjetivos correctos para cada personaje.

Personaje	Adjetivos
don Diego Vega	
el Zorro	
sargento González	

Expresión escrita

5 ¿Y tú? ¿Cómo eres? Escribe un texto en el que te presentas y cuentas cómo es tu carácter, cuáles son tus cualidades, tus defectos, y qué es lo que te gusta hacer.

Me llamo ...., soy..

....

....

....

....

....

....

Expresión oral

6 Ahora repite tu presentación a un compañero.

La hacienda de la familia Pulido

Al día siguiente hace calor y el sol brilla. Muy temprano, don Diego salta sobre su hermoso caballo negro, y se dirige a la hacienda de don Carlos Pulido.

Don Carlos es un buen amigo de la familia de don Diego. Ambas familias son ricas e importantes.

El gobernador de California no siente ninguna simpatía por don Carlos, y quiere quitarle sus tierras.

Don Carlos está muy feliz al ver a su amigo.

—¡Buenos días, don Diego! ¡Qué agradable sorpresa! Vamos al patio.

—Gracias. Estoy aquí porque quiero contarle algo muy importante.

—Le escucho.

—Tengo casi veinticinco años. Mi padre quiere verme casado y con familia. Yo no estoy interesado en el matrimonio. Pienso que el amor y el matrimonio son un aburrimiento, pero debo obedecer[1] a mi padre. ¿Cuántos años tiene Lolita? —pregunta don Diego.

—Lolita tiene dieciocho años, y es encantadora y muy bella —responde don Carlos.

—Sí, es muy hermosa —dice don Diego—. ¿Puedo pedir la mano de su hija?

Don Carlos sonríe, está feliz.

—Es un honor para nosotros formar parte de vuestra familia. Tiene usted mi consentimiento.[2] Diego, ¿desea usted ver a Lolita?

—Sí, es necesario —declara don Diego.

Don Carlos llama a su hija, y ella acude[3] al patio. Lolita es una muchacha muy hermosa, con cabellos negros y largos, y ojos oscuros.

—¡Lolita! Don Diego está aquí, quiere decirte una cosa muy importante.

—Buenos días, señorita. Debo decirle algo —dice don Diego sonriendo—. Tengo el honor de pedir su mano, si su padre está de acuerdo.

—¡Oh, señor! ¿Desea usted pedir mi mano? —dice Lolita, sorprendida y turbada. Sus mejillas están rojas.

—Puede usted pensarlo y dar una respuesta mañana a mi criado.[4]

—¡A su criado! ¿Por qué razón no puede usted venir mañana?

—¡Oh! Vivo muy lejos, y el viaje a caballo es muy cansado. Prefiero esperar su respuesta en la hacienda.

---

1. **obedecer** : hacer lo que manda alguien.
2. **consentimiento** : permiso.
3. **acudir** : ir.
4. **criado** : persona que está al servicio de otra.

—¿Quiere usted cortejarme [5] y casarse conmigo? ¿Esa es la importancia que da usted al matrimonio? ¿Esta es su idea del amor? Quiero casarme con un hombre fuerte, pero también sensible y romántico. Usted es joven y rico, pero ni fuerte ni romántico. ¿Tiene usted corazón? —pregunta Lolita enfadada. Y diciendo esto se marcha del patio a contar a su madre las intenciones de don Diego.

Doña Catalina, su madre, le dice:

—Eres afortunada, Lolita. Don Diego es muy rico, procede de una familia noble. El gobernador frecuenta su casa y siente simpatía por ellos. Es una gran oportunidad para nuestra familia.

Por la tarde, Lolita se encuentra sola en el patio. Está pensando en las palabras de don Diego; de repente [6] oye un ruido y se da la vuelta. El Zorro está delante de ella. Ella lo ve y susurra: [7]

—¡Zorro!

—¡No debe temer, señorita! Yo solamente castigo a la mala gente. Su padre es un hombre honrado, pero ahora estoy aquí únicamente para admirar su hermosura.

—¿Qué dice? No puede quedarse aquí, su vida corre peligro —dice la joven.

—Usted es hermosa y adorable —dice el Zorro—, ¿me permite besar su mano?

El Zorro toma su pequeña mano y la besa.

Lolita le mira fijamente a los ojos y sonríe. Un momento después sale corriendo hacia el interior de la casa.

«Este hombre es muy valiente. Es un bandido y está fuera de la ley, pero me gusta» piensa la joven.

---

5. **cortejar** : hacer enamorar a una persona.
6. **de repente** : sin avisar, subitáneamente.
7. **susurrar** : decir en voz baja.

Después de leer

Comprensión lectora
1 Contesta a las siguientes preguntas.

1 ¿Qué quiere hacer el gobernador de California a don Carlos Pulido?

2 ¿Cuántos años tiene Lolita Pulido?

3 ¿Qué pide don Diego a don Carlos Pulido?

4 ¿Por qué Diego no puede volver al día siguiente a casa de los Pulido?

5 ¿Cómo es el hombre con el que quiere casarse de Lolita?

6 ¿A quién cuenta Lolita las intenciones de don Diego?

7 ¿A quién castiga el Zorro?

8 ¿Cómo considera el Zorro a Lolita?

Léxico
2 En la historia del Zorro se encuentran algunas expresiones lingüísticas muy peculiares. ¿Sabes qué significan?

1 noche de perros
  a ☐ noche muy oscura
  b ☐ noche muy lluviosa

2 tomar un trago
  a ☐ hablar mucho
  b ☐ beber algo

3 pedir la mano
  a ☐ querer casarse con alguien
  b ☐ querer ver el futuro de alguien

4 jugar con fuego
  a ☐ pasarlo muy bien
  b ☐ arriesgarse demasiado

5 estar fuera de la ley
  a ☐ ir contra la ley
  b ☐ ser privilegiado por la ley

3 Los Pulido son una familia rica e importante en Reina de los Ángeles. Te presentamos a otra familia de la California del siglo XXI. ¿Sabes asociar el grado de cada uno?

padre	madre	hijo	hija	abuelo	abuela

Comprensión auditiva

4 Ahora vas a escuchar unas breves frases de presentación. Elige la opción correcta.

a   Carlos es el *abuelo/ hermano* de Marta.

b   José es el *padre/ tío* de Carlos.

c   Mercedes es la *madre/ hermana* de Marta.

d   José es el *marido/ cuñado* de Mercedes.

e   Francisco es el *primo/ sobrino* de Marta y Carlos.

Gramática

Hay o está/están?

Para señalar la presencia de un objeto o de una persona en un determinado lugar se utilizan dos formas distintas.

• La forma impersonal del verbo *haber*, **hay**, cuando el sujeto es indeterminado. Es invariable.

Hay una espada en el suelo.
En el cuartel hay unos soldados vigilando.

- Al revés, se utilizan las formas **está/están** cuando se habla de nombres nombres propios o determinados, o sea introducidos por los artículos determinados o adjetivos posesivos.

*Los personajes **están** en la taberna.*
*Tus gafas **están** encima de la mesa.*

5 **¿Hay o está/están?**

1 En la ciudad .... un cuartel de soldados.
2 Don Diego .... en la sala esperándole, señorita Lolita.
3 En la taberna .... muchas personas.
4 .... un hombre en la puerta de la taberna.
5 Lolita, ¡ven! ¡ .... don Diego!
6 ¿ .... agua en la nevera?
7 ¿ Qué .... para cenar?

Los verbos *ser* y *estar*

El verbo **ser** es fundamental en la lengua española. Indica las **características de personas y objetos** (de las personas, por ejemplo, las nacionalidades, las profesiones, la descripción del carácter), mientras que el verbo **estar** se emplea para indicar la **posición de un objeto o de una persona**, de la que expresa también un **estado de ánimo** o una **condición momentánea**. El verbo **estar** se emplea también como **auxiliar en gerundio**.

	ser	estar
yo	soy	estoy
tú	eres	estás
él/ella/usted	es	está
nosotros/as	somos	estamos
vosotros/as	sois	estáis
ellos/ellas/ustedes	son	están

*El Zorro **es** joven, hábil y bueno.*
*Lolita **es** hermosa.*
*La hacienda **está** en Reina de los Ángeles.*
*El Zorro y el sargento González **están** luchando.*

6 Rellena los huecos con la conjugación correcta de los verbos *ser* y *estar*.

1 Después de cabalgar durante toda la tarde .... muy cansados.

2 El padre de don Diego .... un hombre muy rico.

3 .... muy feliz, porque acaban de darme una buena noticia.

4 —¡Pedro! ¿Dónde ....?

—¡ .... aquí mamá, en la sala!

5 Don Diego no .... interesado en el matrimonio.

6 .... la hora de la cena cuando don Diego vuelve a casa.

7 Esta noche hace frío y .... lloviendo.

8 .... las diez de la noche.

9 Vivo en Los Ángeles, pero en ahora .... en Europa de vacaciones.

10 .... seguro de que es una buena idea.

Expresión escrita

7 Lolita se queda asombrada delante de la valentía del Zorro, mientras que no aprecia el carácter de don Diego. Sin embargo, tanto el Zorro como don Diego, admiran la hermosura de Lolita. ¿Cuáles son los adjetivos que describen mejor a los tres personajes?

don Diego	el Zorro	Lolita

8 Ahora, utilizando los adjetivos del ejercicio anterior, describe en pocas frases los tres personajes.

El capitán Ramón

Son las ocho. Es la hora de la cena en casa de don Carlos. La familia entera está sentada en la mesa para cenar. De repente, alguien llama a la puerta. Una criada abre, y ¡es el Zorro!

Don Carlos, doña Catalina su mujer y su hija Lolita se levantan. Están asustados.

—Buenas tardes —dice el Zorro—, no debéis tener miedo. Usted, don Carlos, es un hombre honesto. Solamente necesito comer y beber.

El Zorro se acerca a Lolita y le susurra:

—No consigo olvidar nuestra conversación de esta tarde en el patio.

—No puede quedarse aquí. Es peligroso —murmura la joven.

De repente, un joven soldado español entra en la habitación. Es el capitán Ramón. Quiere arrestar al Zorro. El Zorro desenfunda su espada y ambos luchan. Los dos hombres son muy hábiles.

—¡Te voy a detener, Zorro! —dice el capitán Ramón—. Eres el enemigo público número uno. ¡La cárcel te está esperando, Zorro!

—¡No me vas a detener! ¡No me vas a coger! —exclama el Zorro, hiriendo al capitán en el hombro[1] con su espada. El capitán Ramón cae al suelo.

—El capitán necesita vuestra ayuda. Tiene que ayudarle —dice el Zorro a don Carlos.

Después sonríe a Lolita, y desaparece a lomos de su caballo en la oscuridad de la noche. Don Carlos y su esposa ayudan al herido.

El capitán Ramón no está herido de manera grave. Los criados limpian la sangre de su hombro, y en poco tiempo el soldado ya está bebiendo, comiendo y charlando con don Carlos. Pero el capitán Ramón no puede dejar de mirar a Lolita; la encuentra muy hermosa, y desde hace mucho tiempo está enamorado de ella.

—Don Carlos, quiero a la señorita. Provengo de una excelente familia y soy amigo del gobernador. Tengo veintitrés años, y ya soy el capitán del fuerte. ¿Me permite cortejar a Lolita?

—Primero debo explicarle algo —responde don Carlos—. Don Diego Vega también quiere cortejar a Lolita, pero mi hija es libre de elegir a su futuro esposo. Tiene usted mi permiso para cortejarla.

A la mañana siguiente, hay un gran bullicio[2] en el fuerte. Don Diego y los demás hombres observan a los soldados sobre sus caballos. El sargento González habla a sus hombres.

1. **hombro** :

2. **bullicio** : agitación.

—¡Hoy es un gran día! ¡Vamos a encontrar al Zorro! ¡Debéis buscar en las haciendas y en las casas sin olvidar que el gobernador promete una gran recompensa por la captura de este bandido que está fuera de la ley!

Ese mismo día, don Diego envía una carta a don Carlos.

Mi querido amigo:

El sargento González y sus soldados quieren arrestar al Zorro. Le buscan en las haciendas, así que es peligroso para usted y su familia. Por favor, tienen que venir a mi casa de Reina de los Ángeles, es una casa tranquila y allí están a salvo.

Yo debo irme unos días.

Les saluda su amigo,

Diego Vega

Cuando, al día siguiente, don Carlos lee la carta de su amigo, se pone muy contento.

—¡Qué generoso don Diego! ¡Y qué buena idea! —exclama don Carlos—. ¡Qué gran honor poder ser huéspedes de la familia Vega! ¡No podemos rechazar³ su invitación! ¡Partimos hoy mismo!

Esa misma tarde, la familia Pulido se pone en camino para ir a casa de don Diego Vega, en Reina de los Ángeles. Los sirvientes llevan la comida y lo necesario para el viaje.

---

3. **rechazar** : decir que no a una oferta.

Después de leer

Comprensión lectora

1 Contesta a las siguientes preguntas.

1. ¿Por qué el Zorro está en casa de don Carlos?
2. ¿Qué es lo que está esperando al Zorro según el capitán Ramón?
3. ¿Dónde hiere el Zorro con su espada al capitán Ramón?
4. ¿Qué es lo que el capitán Ramón pide a don Carlos?
5. ¿Qué hay a la mañana siguiente en el cuartel?
6. ¿Qué hacen el sargento Gonzáles y sus hombres?
7. ¿De qué manera don Diego consigue avisar a don Carlos?
8. ¿Qué hace al final la familia Pulido?

Léxico

2 ¿Cómo se llaman las prendas que llevan? Coloca correctamente las palabras del cuadro.

zapato	falda	camisa	blusa
sombrero	bota	chaqueta	pantalón

3 ¿Qué hora es? Escribe la hora correcta debajo de los relojes.

la una	las doce de la mañana	las diez	las ocho y cuarto
	las once de la noche	las cinco de la tarde	

1 [   ]

2 [   ]

3 [   ]

4 [   ]

5 [   ]

6 [   ]

4 ¿A qué hora suelen hacer estas cosas? Utilizando algunas de las horas del ejercicio anterior, completa las siguientes frases.

1 Todas las mañanas me levanto a las ...., porque las clases en la Universidad suelen empezar a ....

2 Los ingleses son famosos en todo el mundo, porque suelen tomar el té a ....

3 Normalmente Pablo se acuesta a ....

Expresión oral

5 Ahora practica con un compañero siguiendo el ejemplo.

—¿Qué hora es?

—Son las seis (de la mañana).

Gramática

Los posesivos

Los **adjetivos y pronombres posesivos** indican la posesión o propiedad de algo.

	adjetivos	pronombres
yo	mi(s)	mío(s), mía(s)
tú	tu(s)	tuyo(s), tuya(s)
él/ella/usted	su(s)	suyo(s), suya(s)
nosotros/as	nuestro(s), nuestra(s)	nuestro(s), nuestra(s)
vostro/as	vuestro(s), vuestra(s)	vuestro(s), vuestra(s)
ellos/ellas/ustedes	su(s)	suyo(s), suya(s)

Los adjetivos posesivos nunca van precedidos de un artículo, y concuerdan en número con el objeto. Solo los de la primera y segunda persona de plural concuerdan también en género con el objeto.

Ej.: **Mi** *casa es muy grande./***Mis** *amigos son muy simpáticos.*
Esta es **nuestra** *ciudad./***Nuestros** *padres nos están esperando.*

Los pronombres pueden ir precedidos de un artículo, y concuerdan tanto en número como en género con el objeto.

Ej.: *Esta bolsa no es* **mía.** *La* **mía** *es más grande.*
Estas gafas son **suyas.**

6 Completa las frases con los adjetivos y pronombres posesivos.

1 Don Carlos recibe una carta de .... amigo Diego.
2 Mamá, ¿sabes dónde está .... bolsa? No la encuentro.
3 No puedes coger este caballo porque es ....
4 Don Carlos dice que .... hija es libre de elegir a su futuro esposo.
5 —¡Llega .... amigo, el Zorro! —dicen los peones.
6 El Zorro hiere al capitán con .... espada.
7 El sargento González y .... soldados quieren arrestar al Zorro.
8 Pablo, esto es .... ¿Puedes devolvérmelo, por favor?
9 .... familia es muy numerosa, somos seis. ¿La .... también es así, Pedro?
10 Lolita no quiere a don Diego porque no soporta .... carácter.

El Camino Real
de California

Las tierras donde tienen lugar las aventuras del Zorro se sitúan en la zona de frontera entre la **Alta** y la **Baja California**.

Los pueblos como el de Reina de los Ángeles (la actual ciudad de Los Ángeles) nacen a partir del siglo XVII alrededor de las misiones religiosas, siguiendo una ruta que empieza en el sur de la península de California (México) y bordeando la costa hacia el norte se concluye en la actual ciudad de San Francisco (Estados Unidos). Este camino se llama **Camino Real**, y es la columna vertebral que une todas las misiones españolas de la Alta y la Baja California.

Las misiones

En 1683 una expedición de soldados y padres jesuitas sale de la costa occidental del Virreinato de Nueva España (el actual México) para ir a descubrir la península de California. Después de cruzar el Mar de Cortés (el actual Golfo de California), las embarcaciones españolas

Misión de San Carlos Borroméo de Carmelo, fundada en 1771

llegan a una bahía situada en la parte sureste de la península. Allí fundan la primera misión: San Bruno. Sin embargo, las asperezas del territorio obligan a los colonos a abandonar esas tierras y volver a las costas de Nueva España. En 1697 otra expedición, encabezada por Juan María de Salvatierra, logra conquistar un lugar seguro en la península. Donde hoy surge la ciudad de Loreto (México), los religiosos fundan la primera misión: Nuestra Señora de Loreto y Colchó.

Misión de Santa Barbara, fundada en 1782

Basilica de San Juan Capistrano

Las misiones de la Alta California

En 1767 el rey de España Carlos III declara la expulsión de los jesuitas de todos los territorios del imperio, dejando las misiones de la Baja California a los padres dominicos, y a los frailes franciscanos la obra de evangelización de las inexploradas tierras del norte. En 1769, se funda la primera misión franciscana de la Alta California: San Diego de Alcalá. Hasta 1823, año del nacimiento de la última misión, la de San Francisco de Solano, los franciscanos fundan 21 misiones, situadas a una distancia de 30 millas (48 kilómetros) la una de la otra, o sea el recorrido que se cubre a caballo en un día.

Comprensión lectora
1 **Ahora contesta a las siguientes preguntas.**

    1   ¿Qué es el Camino Real de California?

    2   ¿Dónde empieza y termina el Camino Real de California?

    3   ¿Cómo se llama la primera misión?

    4   ¿Quién es el fundador de la misión de Loreto?

    5   ¿Qué sucede en 1767?

    6   ¿Cómo se llama la primera misión franciscana de Alta California?

CAPÍTULO 5

En casa de don Diego

La casa de don Diego en Reina de los Ángeles es una vivienda grande, acogedora y bonita.

Tiene muchas habitaciones y muchos criados, y en el parque, árboles magníficos y abundantes flores.

A don Carlos y a su familia les gusta mucho.

—Lolita, ¡cásate con don Diego y esta hermosa casa puede ser tuya! —dice don Carlos a su hija.

—No amo a don Diego y no quiero casarme con él —responde Lolita.

—Lolita, esta noche vamos a visitar a unos viejos amigos nuestros —dice don Carlos—. ¿Puedes quedarte sola en casa?

—¡Claro que sí! Hay muchos libros en la biblioteca de don Diego. Esta noche puedo leer.

Cuando sus padres se van, Lolita va a la biblioteca y empieza a hojear [1] algunos libros.

«¡Qué hombre más extraño!» piensa. «Don Diego tiene libros que hablan de amor, de aventuras, de caballos y héroes, pero él casi no tiene ni vida ni energía.»

De repente llaman a la puerta. Un criado abre, y el capitán Ramón entra. Se dirige hacia Lolita y le dice:

—Me alegro de encontrarla sola. Es usted una muchacha muy hermosa. Tengo el permiso de su padre para cortejarla, ya sé que don Diego la corteja y que desea casarse con usted, pero es un hombre poco interesante, no tiene cualidades, no es valiente. Yo soy el capitán del fuerte y...

—Estoy sola —dice Lolita—. No puede quedarse aquí. No es correcto. Debe hacerme el favor de salir, capitán Ramón.

El capitán Ramón toma su mano y dice:

—Lolita, ¡yo la amo! ¡Quiero estar junto a usted! ¡La amo! ¡Quiero un beso! Yo...

Lolita lo empuja y dice:

—¡No quiero besarle! ¡Fuera!

—¡No! ¡Eres mía! ¡Vas a casarte conmigo! ¡Quiero un beso!

Lolita le da una bofetada. El capitán retrocede furioso.

En ese momento, el Zorro irrumpe en la habitación y exclama:

—¡Un momento, señor!

Su voz profunda llega y asusta a los dos contrincantes, que dejan de pelear.

El capitán Ramón ve al Zorro acercarse a él y murmulla:

—¿Qué haces tú aquí, maldito Zorro?

---

1. **hojear** : girar las páginas sin mirar con atención.

—¡Capitán Ramón, es usted un vil miserable! ¡Lejos de Lolita y fuera de esta casa!

—¡No voy a aceptar un insulto de este tipo! Tengo buena memoria, y un día... —dice rabioso el capitán.

Pero el capitán Ramón no tiene su espada, y no puede luchar contra el Zorro. Tiene que someterse a su orden, decide marcharse de la habitación, bajo la atenta mirada del Zorro. Cuando el capitán Ramón se ha ido de la casa, el Zorro vuelve a la biblioteca. Lolita va a su encuentro.

—¡Gracias por tu ayuda, Zorro! —dice la joven—. ¡No puedo besar a un hombre tan terrible! Sin embargo... tú eres valiente y generoso. Ese beso lo voy a ofrecer a ti, y lo hago libremente.

El Zorro y Lolita se besan tiernamente.

—Señorita —dice el Zorro—, mi corazón se ha llenado de amor por ti.

—Y el mío por ti —le susurra Lolita—. Pero ahora tienes que irte rápido, porque mis padres pueden llegar en cualquier momento.

El Zorro la besa otra vez y le dice:

—Yo te amo, querida Lolita.

—Yo también te amo, Zorro —le contesta Lolita.

Se miran otra vez a los ojos. Después se dan un último abrazo y el Zorro desaparece en la noche, saltanto por la ventana.

Después de leer

Comprensión lectora

1 Elige cuál de las dos palabras es la correcta.

1 La casa de don Diego tiene **muchas/pocas** habitaciones.

2 En la vivienda hay un parque y **senderos/árboles** magníficos.

3 Los padres de Lolita van a visitar **al gobernador/a unos amigos**.

4 En la biblioteca hay libros de **ciencias/aventuras**.

5 El capitán Ramón no puede quedarse. No es **bonito/correcto**.

6 El capitán Ramón quiere estar **junto a/lejos de** Lolita.

7 El capitán Ramón de Lolita quiere **un beso/un abrazo**.

8 Lolita da una **bofetada/patada** al capitán.

9 El Zorro se **acerca/arremete** al capitán.

10 —¿Qué haces tú aquí, **maldito/bandido** Zorro? —murmulla el capitán.

11 El capitán tiene que **obedecer/desobedecer** a la orden del Zorro.

12 El Zorro y Lolita se besan **tiernamente/apasionadamente** en los labios.

13 —Yo te amo, **hermosa/querida** Lolita —dice el Zorro.

14 Los dos chicos se dan un último **abrazo/beso**.

2 Completa el siguiente texto.

Lolita se (**1**) .... sola en casa de don Diego, porque (**2**) .... padres han ido a visitar a unos amigos (**3**) .... Decide ir a la (**4**) .... porque quiere leer un (**5**) .... (**6**) .... algunos libros y piensa que don Diego es un (**7**) .... muy extraño. Tiene libros de (**8**) ...., de (**9**) ...., de (**10**) .... y héroes, pero él casi no (**11**) .... ni vida ni (**12**) .... De (**13**) .... llaman a la puerta y aparece el capitán Ramón. Él dice a Lolita que tiene el (**14**) .... de su padre para cortejarla, sabiendo que don Diego también la corteja, pero don Diego es un hombre poco (**15**) ...., no tiene (**16**) .... y no es (**17**) ....

Léxico

3 Aquí tienes unas fotos que muestran diferentes partes de una habitación. Asocia la foto a la palabra correspondiente.

a	ventana	**c**	silla	**e**	cuadro	**g**	cortina
b	escritorio	**d**	puerta	**f**	biblioteca	**h**	candelero

1

2

3

4

5

6

7

8

4 ¿Qué se suele hacer en las diferentes partes de la casa?

> dormitorio   cocina   cuarto de baño
> salón   jardín   pasillo

1   Se suele preparar las comidas. ....
2   Se suele acoger a los invitados. ....
3   Es donde se va para acostarse por la noche. ....
4   Se pasa por él para ir de una habitación a otra. ....
5   Es donde se va para lavarse. ....
6   Se suele plantar árboles y flores, y jugar al aire libre. ....

Comprensión auditiva

5 **Nuestra amiga Marta nos cuenta cómo es su casa. Escucha y completa el siguiente texto.**

¡Hola! Me llamo Marta, y esta es mi casa. No es muy (**1**) ....
pero me gusta mucho. Tiene cinco (**2**) .... y es muy acogedora.

Al entrar, a la derecha, hay un pequeño (**3**) ...., donde suelo
pasar muchas noches, leyendo un libro sentada en el (**4**) .... o
viendo la televisión. Al lado del (**5**) .... hay una (**6**) ....,
donde suelo experimentar muchas recetas. ¡Me gusta mucho hacer
tartas! En frente hay un breve (**7**) ...., que lleva a los
(**8**) .... Son dos: en uno dormimos mi gato y (**9**) ....,
mientras que el otro es para los (**10**) .... Entre la
(**11**) .... y los (**12**) .... hay un pequeño (**13**) ....

Desafortunadamente no tengo un (**14**) .... porque vivo en el
centro de la ciudad, pero sí tengo un (**15**) ...., donde poder
cuidar de mis plantas. Es un (**16**) .... un poco pequeño, pero ¡a
mi me gusta mucho mi casita!

Expresión escrita

6 **Escribe un breve resumen del capítulo de entre 30 y 40 palabras.**

Expresión oral

DELE **7** ¿Cómo es tu casa? ¿Tiene muchas habitaciones o es pequeña? ¿Es nueva o vieja? ¿Hay algo de ella que te gusta en especial? Descríbela a tu compañero.

Antes de leer

1 En el próximo capítulo vas a encontrar las siguientes palabras. ¿Sabes asociarlas a las imágenes?

a granero   **c** vela   **e** huella

b establo   **d** azote   **f** jarra

A

B

C

D

E

F

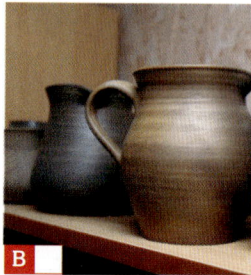

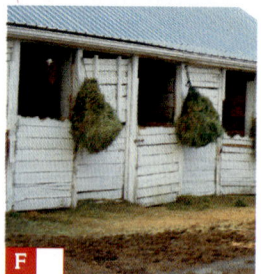

2 Ahora asocia las palabras con la definición que le corresponde.

1 ☐ Instrumento de tortura hecho con cuerdas anudadas.

2 ☐ Vasija que sirve para contener líquidos.

3 ☐ Lugar donde se almacena el grano.

4 ☐ Marca que el pie deja en la tierra.

5 ☐ Cilindro hecho de cera que sirve para dar luz.

6 ☐ Parte de una casa de campo donde descansa y se alimenta el ganado.

Fray Felipe

Esa misma noche el capitán Ramón regresa rápidamente al fuerte. Está furioso con Lolita y su familia. Quiere castigarlos, pero no sabe cómo hacer. De repente, le surge una idea. Coge un folio y una pluma y escribe una carta. Cuando la termina, escribe otra copia de la misma, llama a un soldado y le entrega una copia.

—¡Rápido! ¡Esta carta tiene que llegar inmediatamente a San Francisco, al Gobernador de California! ¡Rápido! —grita el capitán.

El soldado sale rápido de la estancia. El capitán Ramón piensa:

«Don Carlos Pulido es amigo del Zorro, ayuda y protege a este bandido. ¡Son unos traidores!». Vuelve a leer la carta y una sonrisa deseosa de venganza aparece en su cara.

Al Gobernador de California

Su Excelencia:

Tengo que informarla dándole malas noticias. Desgraciadamente no puedo decirle que tengo al Zorro en mi poder, pero es que las circunstancias son especiales.

El «señor» Zorro no está solo. En el vecindario le albergan y le dan comida y bebida, y sin lugar a dudas,[1] caballos frescos de repuesto.[2]

El otro día, el Zorro estaba en la hacienda de don Carlos Pulido, un caballero conocido por su hostilidad hacia usted. Allí me dirijo con mis hombres para capturarle, cuando en el salón de la casa de don Carlos, aparece y me ataca hiriéndome en un hombro, fugándose después. Además, don Carlos me trata con escaso[3] respeto, y la señorita Lolita no esconde su admiración por el Zorro.

También tengo datos referentes a una rica familia de la vecindad, con escasa lealtad hacia usted, pero no puedo desvelar el nombre por escrito.

Con profundo respeto

Ramón

Comandante y capitán del fuerte

Reina de los Ángeles

A continuación se levanta, mientras en voz alta dice:

—Quiero ver a la familia Pulido en la cárcel.

Una voz a sus espaldas repite:

—Quiero verte a ti en la cárcel.

Sorprendido, el capitán Ramón se vuelve y ve al Zorro, que le dice:

1. **sin lugar a dudas** : seguramente.
2. **de repuesto** : que sustituye y se usa solo en caso de necesidad.
3. **escaso** : muy poco.

—Eres un villano, lucha contra mí, pero deja en paz a la familia Pulido.

El capitán se dirige hacia la puerta y grita:

—¡Sargento, sargento! ¡Ayuda! ¡El Zorro está aquí!

Pero cuando se vuelve, la estancia está vacía.

—¡Aquí estoy, mi capitán! —dice el sargento González.

—Tiene que reunir a sus hombres y buscar al Zorro. No debe de estar lejos. ¡Debemos capturarle!

Los soldados siguen los pasos del Zorro, pero la noche es oscura y es difícil seguirle, porque su caballo es muy rápido.

Pronto la luna aparece, y el Zorro sabe que esto hace su fuga más difícil.

Tres millas más lejos, sobre una pequeña colina, hay una hacienda regalada a la misión de San Gabriel, por un caballero fallecido [4] sin descendencia. El gobernador la quiere para el Estado, pero todavía no ha conseguido quitarla a la misión. Los franciscanos protegen su propiedad con determinación.

Al cargo de esta hacienda está un fraile llamado Felipe, miembro de la orden.

González sabe que las huellas del Zorro se dirigen a esta hacienda.

Desmonta e inspecciona las huellas del polvoriento camino, pero no está seguro si conducen a la casa o no.

Da rápidas órdenes: la mitad de los hombres se quedan con el sargento, mientras que los demás se dispersan para poder rodear la casa, registrar las cabañas de los nativos y los graneros.

Entonces llama a la puerta con la empuñadura de su espada.

4.   **fallecido** : muerto.

Poco después la puerta se abre. Aparece fray Felipe con una vela en la mano:

—¿Qué es este ruido? —pregunta con voz profunda.

—Estamos buscando al Zorro, fray.

—¿Y espera encontrarlo en mi casa?

—¿Sabe si está por aquí?

—No.

—Estoy seguro que sí.

—Sé que ayuda a los oprimidos, y que castiga a los que cometen sacrilegio, y que azota a los que pegan a los indios.

—¡Eres muy atrevido con tus palabras, fray!

—¡Está en mi naturaleza decir la verdad, soldado!

—¡Vas a tener problemas con la autoridad, franciscano!

—¡No temo a los políticos, soldado!

—¡No me gusta el tono de tus palabras, fray! Vamos a registrar la casa, ¿acaso tienes algo que esconder?

—Conociendo la identidad de mis visitantes, creo que debo esconder las jarras y los platos.

Fray Felipe protesta por la intromisión, mientras el sargento y sus hombres registran la casa.

De un rincón de la estancia aparece un hombre.

—¡Qué ven mis ojos! Pero, ¡si es mi amigo don Diego! ¿Usted aquí? —dice González con voz entrecortada. [5]

—Vengo de mi hacienda, y estoy pasando la noche aquí en la misión con mi amigo fray Felipe, que me conosce desde mi infancia. Corren tiempos turbulentos, y pienso que aquí al menos, en esta hacienda apartada un tanto del camino, puedo encontrar paz y

---

5. **entrecortado** : débil.

tranquilidad. Pero parece que no es así. ¿Y usted, sargento? ¿Qué hace usted aquí con sus hombres?

—Estamos buscando al Zorro —contesta el sargento González—. ¿Usted lo ha visto?

—No, pero si le encuentran quiero saberlo —dice don Diego.

—Oh... —suspira el sargento—. ¡Así que se nos ha escapado otra vez! —dice resignado.

—Usted y sus hombres seguramente están cansados. Después de tantas fatigas, quizá fray Felipe puede ofrecerles algo de comer y beber. Y seguro que incluso les deja descansar un rato.

—Don Diego, usted es un buen amigo y un verdadero caballero. ¿Sabe si está por aquí el «señor» Zorro?

—No, pero si le encuentran quiero saberlo. Después de tantas fatigas, usted y sus hombres seguramente están cansados, fray Felipe quizá puede ofrecerles algo de beber.

Uno de los hombres de González entra y dice que los graneros y las cabañas están controlados, los establos también. No hay rastro[6] del Zorro. Fray Felipe le sirve de beber con desgana. Está claro que lo hace por deseo de don Diego.

Después de beber, el sargento dice:

—No siento especial simpatía por usted, fray, pero gracias por darnos hospedaje. Usted es muy amable, pero debemos continuar nuestro camino. El deber de un soldado nunca llega a su fin.

A la mañana siguiente, los hombres del sargento González regresan al fuerte, están cansados y hambrientos, y el Zorro todavía está en libertad.

---

6. **rastro** : indicio de la presencia de alguien.

Después de leer

Comprensión lectora

1 **Marca con una ✗ si estas afirmaciones son verdaderas (V) o falsas (F).**

		V	F
1	El capitán quiere castigar a la familia de Lolita por haber robado.	☐	☐
2	El capitán escribe una carta al gobernador.	☐	☐
3	Don Carlos es conocido por ser muy amigo del gobernador.	☐	☐
4	El Zorro sorprende al capitán en su estancia.	☐	☐
5	El Zorro y el capitán luchan.	☐	☐
6	Los soldados registran en la estancia del capitán.	☐	☐
7	El sargento González encuentra la máscara del Zorro.	☐	☐
8	En una colina hay una hacienda regalada a una misión.	☐	☐
9	El capitán da órdenes para registrar las cabañas de los nativos.	☐	☐
10	De un rincón de la casa aparece don Diego.	☐	☐
11	Don Diego conoce a fray Felipe desde su infancia.	☐	☐
12	Los soldados se quedan a dormir en la hacienda.	☐	☐

2 **Ahora completa el texto.**

Los soldados siguen los (**1**) .... del Zorro, pero la noche es oscura y es (**2**) .... seguirle, porque su (**3**) .... es muy rápido.

Pronto la luna (**4**) ...., y el Zorro sabe que esto (**5**) .... su fuga más difícil.

Tres (**6**) .... más lejos, sobre una (**7**) .... colina, hay una hacienda regalada a la misión de San Gabriel, por un (**8**) .... fallecido sin descendencia. El gobernador la quiere para el (**9**) ...., pero todavía no ha conseguido sustraerla a la misión. Los franciscanos protegen su propiedad con (**10**) ....

Al cargo de esta hacienda está un (**11**) .... llamado Felipe, miembro de la orden. González sabe que las (**12**) .... del Zorro se dirigen a esta hacienda.

Gramática

Las preposiciones *a, de, en, con*

Pueden ser simples o, en el caso de las preposiciones *a* y *de*, agregarse al artículo masculino singular (*el*) para formar los artículos contractos *al* y *del*. Algunos de sus principales usos son:

- *a*: indica el lugar a donde se va, e introduce el complemento indirecto y el complemento directo de persona.

  Voy al médico.

  A mí me gusta mucho leer.

  Hoy he visto a Paco.

- *de*: indica la materia de que está hecho algo, la posesión, el lugar de donde se procede, acompaña los adverbios de ubicación, y se emplea en algunas construcciones fijas.

  Esta camisa es de algodón.

  Paco, ¿has visto las gafas de mamá?

  Vengo ahora de Madrid.

  El candelero está encima de la mesa.

  La próxima semana me voy de vacaciones.

- *en*: indica el lugar en donde se está, y se emplea en algunas construcciones fijas.

  Vivo en Los Ángeles, pero ahora estoy en Madrid.

  Lolita piensa mucho en el Zorro.

- *con*: es preposición de compañía, e indica el medio con que se hace algo. Si acompaña los pronombres *mí* y *ti* se convierte en *conmigo* y *contigo*.

  El capitán Ramón habla con don Carlos.

  El sargento González llama a la puerta con la empuñadura de su espada.

  —Lolita, ¿quieres casarte conmigo? —dice el capitán Ramón.

3 Ahora completa las frases con la preposición adecuada.

1   El Zorro cabalga .... la oscuridad.

2   .... Lolita le gustan los hombres valientes.

3   .... mi ciudad hay un monumento muy importante.

4   El Zorro se ha escondido detrás .... una pared.

5   Esta noche no salgo, me quedo .... casa.

6   La familia Pulido va .... casa de don Diego.

7   .... sargento González le gusta mucho estar .... la taberna.

8   .... la mañana los soldados regresan .... fuerte.

9   Lolita no se quiere casar .... don Diego.

10 Toda mi familia vive .... California.

Expresión escrita

4 Tú eres el gobernador y recibes la carta del capitán Ramón. Contesta expresando tu apoyo o tu rechazo a la captura del Zorro.

Estimado capitán Ramón:

Recibo su comunicación y creo que ....

....

....

....

....

....

....

....

....

....

....

Muy atentamente la saluda,

El gobernador de California

El Zorro: un justiciero muy cinematográfico

La primera película se estrena en 1920, ni un año después de la publicación de la novela. Su título es *The Mark of Zorro* (la marca del Zorro). Pero es en 1957 cuando el Zorro llega al ápice de su popularidad, a través de la serie *El Zorro*, producida por Walt Disney.

El Zorro

Si el Zorro es todavía una figura muy conocida en muchos países del mundo, después de casi cien años, seguramente es gracias a las decenas de historias escritas por McCulley y transformadas en películas o series de televisión.

Las historias son escritas por Johnston McCulley. Su éxito es internacional y miles de personas se apasionan a las vicisitudes de don Diego de la Vega, el sargento García y el capitán Monasterio. Hasta hoy se cuentan unas cincuenta versiones, entre películas y series, protagonizadas por el espadachín enmascarado y las últimas versiones cinematográficas han sido protagonizadas por actores de fama internacional como Alain Delon, Anthony Hopkins, y Antonio Banderas.

1 Estos son los carteles de dos películas del Zorro. Míralos bien y dinos:

1 ¿Las dos películas son de la misma época? Si no lo son, ¿sabes reconocer cuál de las dos películas es la más antigua?

2 ¿Qué gesto tiene el Zorro en el primer cartel? ¿Y en el segundo?

3 ¿Qué diferencias notas entre las dos mujeres?

4 ¿Cuál es el color que notas más en el primer cartel? ¿Y en el segundo?

5 ¿Qué se ve al fondo en el primer cartel? ¿Y en el segundo?

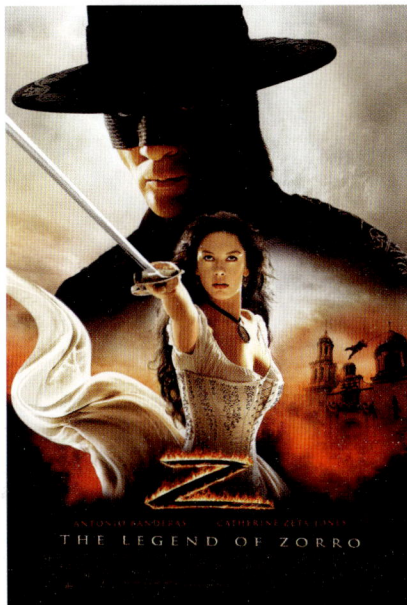

2 Ahora dinos, según tus gustos, ¿cuál de los dos Zorros prefieres? ¿El romántico o el misterioso? ¿Por qué?

3 Observa las fotos de la página anterior y dinos, ¿quiénes son los personajes que aparecen en ellas? ¿Qué están haciendo?

4 En tu opinión, ¿cómo debe ser un actor para interpretar al personaje del Zorro? Elige una pareja de actores de nuestros días para los papeles del Zorro y Lolita.

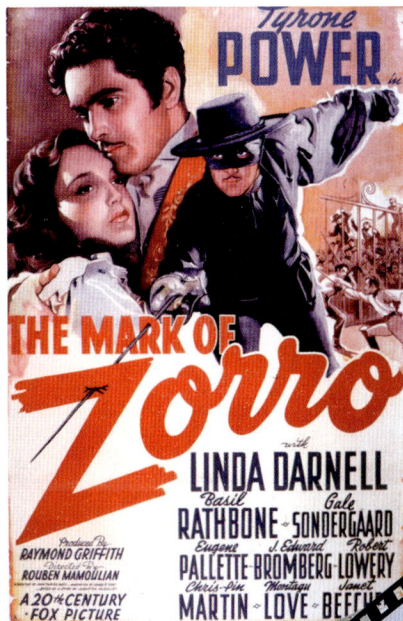

De camino a la hacienda

Dos días después, por la mañana, hay mucha gente en el fuerte. Está don Diego también, y pregunta:

—¿Qué sucede?

—Este viejo fraile es un ladrón, debe ser castigado —responde el magistrado.

El fraile está de pie, encadenado delante del magistrado.

—¡No soy un ladrón, soy solamente un pobre fraile! —declara el fraile.

—¡Es imposible! —dice disgustado don Diego—, fray Felipe es un hombre honesto, le conozco desde hace tiempo.

—Usted se equivoca —asegura el magistrado mientras llama a dos soldados diciendo— ¡Quince latigazos![1] ¡Quince latigazos es lo que se merece!

---

1. **latigazo** : golpe dado con el látigo.

Los soldados azotan al monje, hasta que el anciano cae al suelo. Don Diego está furioso, pues fray Felipe es su amigo.

Cargado de furia, don Diego Vega regresa a su casa.

—Necesito a Bernardo —dice a su despensero. [2]

Bernardo es un sirviente nativo sordomudo, al que don Diego trata de manera peculiar.

—Bernardo, ¡eres una joya! —le dice don Diego—. No puedes oír ni hablar, y tampoco sabes leer ni escribir. Eres la única persona en este mundo con quien puedo hablar sin temor a las réplicas.

Bernardo sacude [3] la cabeza, haciendo ver que entiende. Siempre sacude la cabeza de ese modo cuando los labios de don Diego cesan de moverse.

—Son tiempos turbulentos, Bernardo —continúa don Diego —no se encuentra lugar donde poder meditar. Incluso en casa de fray Felipe, hace dos noches, llega un sargento aporreando [4] nerviosamente la puerta... y los azotes al pobre fray Felipe. Seguro que este «señor» Zorro, que castiga a los que cometen injusticias, oye hablar de este asunto y se decide a actuar.

Bernardo sacude la cabeza de nuevo.

—Bernardo, vamos a salir de este pueblo unos cuantos días, voy a la hacienda de mi padre, debo decirle que no voy a casarme todavía, espero su indulgencia.

Bernardo vuelve a sacudir la cabeza. Sabe que cuando don Diego le habla largo rato, poco después siempre hay un viaje largo que emprender. A Bernardo esto le gusta. Le gusta viajar a la hacienda del padre de don Diego, porque siempre le tratan con amabilidad.

---

2. **despensero** : criado.
3. **sacudir** : mover de arriba abajo.
4. **aporrear** : dar golpes fuertes.

Al cabo de un rato se ponen de camino. Bernardo va sobre una mula a poca distancia, detrás de don Diego. Durante el camino se encuentran con una pequeña carreta, junto a ella caminan dos franciscanos, y en ella va también fray Felipe, intentando esconder gemidos[5] de dolor.

Don Diego desmonta y se dirige hacia fray Felipe:

—¡Mi pobre amigo! —dice.

—Este es otro ejemplo de injusticia —le contesta fray Felipe—. Desde hace veinte años, gracias a nuestro trabajo, las misiones crecen y prosperan. Nuestro pecado es que damos riqueza y educamos a los nativos. Nosotros hacemos el trabajo y el Estado quiere llevarse los beneficios. Primero nos quitan nuestras tierras, tierras que cultivamos, y que convertimos en jardines. Nos roban todo, estos militares, y no contentos con eso, ahora nos persiguen. El destino de las misiones es desaparecer, caballero. No podemos hacer nada; solo resignarnos.

—¿Cómo puedo ayudarle, fray Felipe? —replica don Diego.

—Con su simpatía y solidaridad ya me ayuda, amigo mío. Esto vale su peso en piedras preciosas ¿Adónde se dirige? —pregunta fray Felipe.

—Voy a la hacienda de mi padre, buen amigo. Debo pedirle indulgencia y perdón. Me ordena tomar esposa, pero la verdad, lo encuentro una tarea difícil.

—Eso debe de ser una tarea fácil para un Vega, cualquier señorita debe sentirse orgullosa de llevar ese apellido.

—Yo espero casarme con la señorita Lolita Pulido, pero a ella le gustan los hombres de acción, con energía, y no como yo.

---

5. **gemido** : grito agudo.

—Debe mostrar su corazón y decirle que va a ser un esposo perfecto; con esto, caballero, puede obtener resultados sorprendentes.

Poco después, don Diego llega a la hacienda de su padre.

Don Alejandro está en el comedor. Está terminando su merienda.

—¡Buenas tardes, hijo mío! —dice don Alejandro Vega—. Estoy muy contento de verte. ¿Hay novedades de Reina de Los Ángeles?

—Malas noticias, padre —le contesta don Diego—. En Reina de los Ángeles hay mucha violencia. Hoy mismo han azotado a fray Felipe, y los soldados no consiguen atrapar a ese hombre, el Zorro.

—Sí, he oído hablar del Zorro —dice don Alejandro, pensativo— pero... dime hijo, ¿cómo está Lolita? ¿Quiere casarse contigo?

—¡Lolita! Me gusta la hija de don Carlos, pero a ella le gustan solamente los hombres románticos. ¿Qué puedo hacer? —dice don Diego.

—A las jóvenes les gustan los hombres valientes y románticos. Debes hablarle de amor. Debes tocar la guitarra bajo su balcón. Las mujeres adoran las flores y las canciones de amor. Eso es lo que hacen los hombres románticos —le explica don Alejandro a su hijo.

—Pero, ¡eso es ridículo! ¡Yo no quiero hacer esas cosas estúpidas!

—¡Al menos tienes que intentarlo! Lolita es una joven encantadora —añade el padre de don Diego.

—Ya tengo suficientes problemas en mi vida, esto es muy complicado. Quiero descansar y meditar —dice don Diego.

Después de leer

Comprensión lectora

1 **Contesta a las siguientes preguntas.**

1 ¿Qué sucede esa mañana en el fuerte?

2 ¿Por qué el magistrado cree que hay que castigar al fraile?

3 ¿Por qué don Diego está furioso?

4 ¿Quién es Bernardo?

5 ¿Por qué Bernardo no puede hablar?

6 ¿Por qué don Diego tiene que ir a la hacienda de su padre?

7 ¿A quién encuentran don Diego y Bernardo durante el camino?

8 ¿Qué hacen los militares a los frailes de las misiones?

9 ¿Qué debe hacer don Diego para gustar a Lolita, según su padre?

10 ¿Por qué don Diego cree que es complicado conquistar a Lolita?

2 **Ordena las partes del cuento.**

a ☐ Don Diego y Bernardo llegan a la hacienda de don Alejandro Vega.

b ☐ Don Diego y Bernardo encuentran a fray Felipe.

c ☐ El magistrado manda azotar a fray Felipe.

d ☐ Don Diego decide ir unos días a la hacienda del padre.

e ☐ Fray Felipe cuenta a don Diego las injusticias que hacen los soldados.

3 **¿Quién habla? Escribe al lado de cada afirmación quién es el personaje que la dice.**

fray Felipe	don Diego	don Alejandro	el magistrado

1 ¡A las jóvenes les gustan los hombres valientes y románticos!
....

2 ¡Este es otro ejemplo de injusticia! ....

3 ¡Son tiempos turbulentos, Bernardo! ....

4 Este viejo fraile es un ladrón, debe ser castigado. ....

Léxico

4 Asocia cada palabra a las diferentes partes del cuerpo.

a cabeza **c** mano **e** pierna **g** nariz

b boca **d** pie **f** brazo **h** pecho

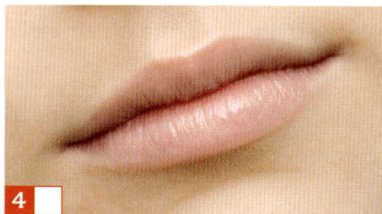

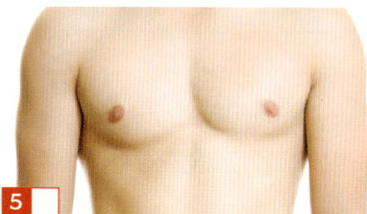

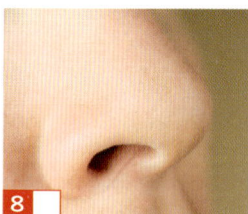

5 En español hay algunas expresiones en las que se utilizan partes del cuerpo humano de manera figurada. Elige la opción correcta.

1 Mostrar el corazón. **a** ☐ ser muy bueno

b ☐ ser abierto y sincero

2 Estar hasta las narices. **a** ☐ estar cansado de algo

b ☐ estar muy en alto

3 Andar con pies de plomo. **a** ☐ caminar lentamente

b ☐ ser cauteloso

4 Echar una mano.

a ☐ golpear

b ☐ ayudar

5 Levantar cabeza.

a ☐ tener energía moral

b ☐ saludar

6 ¿Sabes cómo se llaman las diferentes partes del día? Asocia las palabras del cuadro a la definición que le corresponde.

tarde	mañana	noche	madrugada	mediodía

1 Es cuando se suele almorzar. ....

2 Empieza cuando el sol se pone. ....

3 Es la primera parte del día. ....

4 Empieza justo después del almuerzo. ....

5 Es el tiempo entre la medianoche y el amanecer. ....

¡Atención!

A menudo las partes del día van precedidas por la preposición *por*:

*Mañana **por** la mañana voy de excursión con mis amigos.*

***Por** la tarde Juan suele estudiar.*

*En verano es muy agradable salir **por** la noche.*

Pero si hablamos de las horas, entonces es la preposición *de* la que precede las partes del día:

*Son las diez **de** la mañana.*

*¡Nos vemos a las cuatro **de** la tarde!*

*El espectáculo comienza a las diez **de** la noche.*

Expresión escrita

7 ¿Qué tiene que hacer en tu opinión don Diego para casarse con Lolita? Escribe un texto de entre 20 y 30 palabras para aconsejar a don Diego como tiene o no tiene que ser para conquistar el corazón de la señorita Pulido.

La California actual

Hoy en día **California** es uno de los 51 estados que forman la república federal de los Estados Unidos, y comprende solo una mínima parte de la antigua Alta California. Se extiende unas 900 millas (aproximadamente 1400 km) de norte a sur a lo largo de la franja costera del océano Pacífico.

Es el estado más poblado de los Estados Unidos, con unos 37 millones de habitantes, y su capital es Sacramento. Al sur limita con la región mexicana de Baja California, al norte con el estado de Oregón, y al este con Arizona y Nevada.

Geografía

La peculiar situación geográfica de California crea una gran variedad de paisajes y climas. Una larga cadena de montañas costeras recorre el estado de norte a sur, y cae en su parte final en las aguas del océano, formando maravillosas playas tropicales. Se trata de montañas de origen volcánico, que protegen de las corrientes oceánicas las zonas

El valle de Napa, cerca de San Francisco

del interior, donde se encuentra un gran valle llamado **Valle Central**.
Esta gran extensión de tierras, un tiempo una árida llanura desértica,
gracias a la irrigación es ahora una de las zonas agrícolas más ricas de
los Estados Unidos, cubierta de granjas, frutales y viñedos.

Al este del Valle Central otra cadena montañosa, la **Sierra Nevada**,
forma una pared de graníticos picos nevados con dirección norte-sur.

Gran parte de esta zona hoy en día
es una amplia área incontaminada y
con acceso limitado, donde destaca
el **parque natural de Yosemita**.
Situada no muy lejos de las ciudades
de San Francisco y Los Ángeles, esta
maravilla de la naturaleza nos ofrece
un paisaje casi alpino. Por último, al
este de la Sierra Nevada, se extiende
una gran zona desértica que incluye
el **desierto del Mojave** y el **Valle de
la Muerte**.

National Park, en la Sierra Nevada

Death Valley

Las ciudades

Las ciudades más importantes de la California actual son **Los Ángeles**, **San Francisco** y **San Diego**, centros urbanos nacidos a caballo de los siglos XVIII y XIX en las inmediaciones de las misiones franciscanas. A lo largo de los años, las antiguas haciendas y ranchos han dejado paso a importantes metrópolis modernas, cada una con sus características peculiares.

Sin duda la ciudad más importante es Los Ángeles que, con sus casi 4 millones de habitantes, es una de las tres ciudades más importantes de Estados Unidos. Conocida en todo el mundo como la patria del cine, gracias a los estudios de **Hollywood**, Los Ángeles es el centro económico, financiero y comercial de California.

San Francisco es la segunda gran ciudad del Estado. Se encuentra en la parte central de la costa pacífica, donde los ríos Sacramento y San Joaquín forman una bahía única en su género: la **bahía de San Francisco**. Es considerada la ciudad más europea de California por la mezcla de estilos arquitectónicos procedentes de Europa.

San Francisco

Su desarrollo se debe a la llamada **fiebre del oro** de 1848, cuando miles de habitantes llegan a esta zona en busca del precioso metal. Gracias a esto el nombre con el que se conoce California es *the Golden State* (el Estado dorado).

San Diego es la ciudad más al sur de California. Gracias a su clima dulce y cálido durante todo el año, la ciudad de San Diego posee unas maravillosas playas tropicales. Hoy en día es un importante centro militar para el ejército de los Estados Unidos, sede de la mayor flota naval del mundo.

Comprensión lectora

1 **Ahora contesta a las siguientes preguntas.**

1   ¿Cuál es la capital de la California actual?
2   ¿Cómo es el territorio de California?
3   ¿Por qué es importante el Valle Central?
4   ¿Cómo se llaman las ciudades más importantes de California?
5   ¿Por qué California es conocido como el «Estado dorado»?

La venganza del Zorro

Al caer la tarde, el magistrado y sus amigos están en la taberna.
Hablan del viejo fraile y se ríen de él.

—¿Por qué os reís? —pregunta una voz misteriosa. El
magistrado y sus amigos miran hacia la puerta. El Zorro está allí,
mirando fijamente al magistrado. Lleva una pistola en una mano y
un látigo en la otra.

—Estoy aquí para castigarte, magistrado. Sabes muy bien que
fray Felipe no es un ladrón.

—Soy un magistrado muy importante. No me gustan los frailes
porque son tus amigos, Zorro.

El Zorro se acerca a uno de los amigos del juez y le da su látigo
diciendo:

—Y ahora tienes que dar quince latigazos a este magistrado corrupto.

—Pero ¡no puedo hacer una cosa semejante! —exclama el hombre.

—¡O azotas tú a él o lo hago yo a ti!

Entonces el hombre coge el látigo y azota al magistrado. Después del castigo, el magistrado cae al suelo.

—Así es como yo castigo a la mala gente —dice el Zorro.

Al día siguiente el país entero habla del castigo.

Un grupo de jóvenes decide ayudar al capitán Ramón a capturar al Zorro. Buscan en las colinas, en los valles y, por la tarde, se acercan a la hacienda de don Alejandro Vega.

—¿Qué quieren? —pregunta don Alejandro, sorprendido.

—Estamos buscando al Zorro, porque queremos la recompensa. Pero ahora es tarde y tenemos hambre. ¿Puede usted darnos algo de comer?

—¡Claro que sí! Pero primero tienen que dejar las armas junto a la puerta, y después pueden sentarse y tomar estas tartas y un poco de agua.

Don Alejandro, don Diego y los jóvenes charlan animadamente, pero a las nueve de la noche don Diego se quiere acostar.[1]

—Solo son las nueve, hijo mío. ¿Por qué no te quedas con nosotros?

—Estoy cansado, padre.

—¡Cansado! ¡Siempre estás cansado! ¡Mira a estos jóvenes! ¡Tú también eres joven pero siempre estás cansado!

—Sí, padre. Tiene razón, pero quiero irme a la cama. ¡Buenas noches a todos!

---

1. **acostarse** : ir a dormir.

Los demás se despiden de él y siguen comiendo, bebiendo, y cantando.

Hacia la medianoche, un hombre enmascarado aparece en la puerta.

—¡Es el Zorro! —dice uno de los jóvenes.

—¡El Zorro, el bandido! —exclaman todos.

—Sí, soy el Zorro, pero no soy un bandido. Tengo principios y lucho por ellos. En California tenemos hombres corruptos que se dedican a la política. Magistrados crueles y mala gente. Yo quiero cambiar estas cosas. Lucho para ayudar a los pobres, a los nativos y a los frailes. Y ustedes, ¿por qué luchan?

—Nosotros también le queremos ayudar —exclama uno.

—¡Tenemos ideas parecidas! —dice otro.

—Entonces, ¡vamos a luchar juntos por la misma causa!

—Pero, ¿quién es usted? ¿Dónde vive? —le pregunta un joven.

—No puedo decir nada, es un secreto.

Los jóvenes exclaman:

—Sí, ¡queremos luchar con usted! ¡Queremos justicia en California! ¡Somos los vengadores!

—¡Sí, sí! ¡Somos los vengadores! —repiten los jóvenes.

—Entonces, ¡vamos a luchar juntos! —exclama el Zorro. Y dicho esto, se va de la estancia y desaparece en la noche.

Después de leer

Comprensión lectora

1 **Marca con una ✗ la opción correcta.**

1 En la taberna está

   a ☐ el capitán Ramón.

   b ☐ el magistrado.

   c ☐ el sargento González.

2 El Zorro en su mano tiene

   a ☐ una espada.

   b ☐ un regalo.

   c ☐ un látigo.

3 El Zorro castiga

   a ☐ a la mala gente.

   b ☐ a los indios.

   c ☐ a los soldados.

4 Un grupo de jóvenes decide

   a ☐ buscar al Zorro.

   b ☐ castigar al magistrado.

   c ☐ echar al capitán Ramón.

5 A las nueve de la noche

   a ☐ llega el Zorro a casa de don Alejandro.

   b ☐ los jóvenes se van de casa de don Alejandro.

   c ☐ don Diego decide acostarse.

6 Al final los jóvenes quieren

   a ☐ seguir buscando al Zorro.

   b ☐ pedir dinero a don Alejandro.

   c ☐ luchar con el Zorro.

Gramática

Los verbos reflexivos

Se utilizan para hablar de acciones que afectan a nuestras propias personas. En presente de indicativo se forman anteponiendo al verbo los pronombres reflexivos.

	acostarse	ponerse	irse
yo	**me** acuesto	**me** pongo	**me** voy
tú	**te** acuestas	**te** pones	**te** vas
él/ella/usted	**se** acuesta	**se** pone	**se** va
nosotros/as	**nos** acostamos	**nos** ponemos	**nos** vamos
vosotros/as	**os** acostáis	**os** ponéis	**os** vais
ellos/ellas/ustedes	**se** acuestan	**se** ponen	**se** van

Ej.   *El magistrado y sus amigos **se ríen** del fraile.*

*A las nueve de la noche don Diego **se quiere acostar**.*

2 **¿Cuál es el verbo correcto entre los del cuadro? ¿Sabes encontrarlo y conjugarlo correctamente dentro de cada frase?**

> ponerse   levantarse   sentarse   irse   lavarse
> casarse   sentirse   asustarse   mirarse

1   Los soldados .... si ven al Zorro.

2   Lolita quiere .... con un hombre valiente.

3   Lo primero que hago cuando .... es .... la cara.

4   El sargento González .... en la silla de la taberna.

5   Don Diego .... muy cansado.

6   Lolita .... en el espejo.

7   Los frailes .... a trabajar en los campos de la misión.

8   El Zorro saluda a los jóvenes y ....

Léxico

3 ¿Cuáles sinónimos de estas palabras aparecen en el texto?

1 juez
- **a** ☐ soldado
- **b** ☐ magistrado
- **c** ☐ guardia

2 malhechores
- **a** ☐ mala gente
- **b** ☐ ricos
- **c** ☐ caballeros

3 compañero
- **a** ☐ hermano
- **b** ☐ primo
- **c** ☐ amigo

4 punición
- **a** ☐ traición
- **b** ☐ perdón
- **c** ☐ castigo

Expresión escrita

4 Imagina que formas parte del grupo de jóvenes que quiere ayudar al Zorro a luchar por las ideas de igualdad y justicia. Llena este aviso dirigido al gobernador, ayudándote con las siguientes palabras.

> tierras   nativos   misiones   pobres   frailes   crecer   ayudar
> luchar   trabajo   prosperar   beneficios   mala gente   cambiar

Al gobernador

Los vengadores

Expresión oral

DELE 5 ¿Cómo es tu vida de todos los días? Describe a un compañero qué sueles hacer al despertarte. Para empezar puedes ayudarte con el ejemplo.

Cuando voy a clase me despierto a las...

El rescate

—El gobernador de California está aquí —dice el sargento González.

—Bien —dice el capitán Ramón— tengo que hablar con él.

—Buenos días, capitán Ramón —dice el gobernador—. Tengo su carta. Le agradezco la información acerca de la familia Pulido. Son los amigos del Zorro. Son traidores y peligrosos. ¡Debemos encarcelarles y matarles!

—¡Qué buena idea! Mis soldados pueden arrestarles hoy mismo —dice el capitán.

Un grupo de soldados se dirige a la hacienda de la familia Pulido. Arrestan a don Carlos, a doña Catalina y a Lolita, y les conducen a la prisión. [1] Don Carlos está furioso, las dos mujeres lloran.

---

1. **prisión** : cárcel.

Cuando don Diego se entera [2] de la noticia, se dirige a casa del gobernador y le pregunta por qué sus amigos están encarcelados.

El gobernador responde:

—¡Son amigos del Zorro! Le ayudan y le protegen. ¡Son traidores!

—¡No puedo creerlo! Les conozco. Son gente honrada. No ayudan a los bandidos —dice don Diego.

—Está usted equivocado, don Diego. Deben ser castigados, y el castigo para los traidores es... ¡la muerte! —exclama el gobernador.

Por todo el pueblo se comenta esta nueva injusticia, que llega hasta oídos del Zorro.

El Zorro decide entonces enviar un mensaje a los vengadores.

El mensaje dice lo siguiente:

A la medianoche en la orilla del lago.

Con pistolas y espadas.

¡Qué corra la voz!

A medianoche, el Zorro y los vengadores se encuentran en el lago. Cada vengador lleva una máscara negra sobre la cara.

El Zorro les dice:

—Estamos aquí para rescatar a don Carlos y a su familia, pues son inocentes. Debemos penetrar en el fuerte, desarmar a los guardias y liberarles. Además tenemos que hacerlo en silencio. Francisco, tu llevas a don Carlos al pueblo de Pala. José, tu a doña Catalina a la hacienda de los Vega. Yo llevo a Lolita con fray Felipe. Deben permanecer escondidos durante algunos días.

El Zorro y los vengadores penetran en la prisión, sorprenden a los guardias y rescatan a la familia Pulido. Don Carlos y doña Catalina llegan a su destino.

2. **enterarse** : oír, saber.

Los soldados persiguen al Zorro y a Lolita en la noche, mientras la luna se alza por detrás de las colinas. Pero el caballo del Zorro es rápido como un rayo. [3]

Con la señorita sentada en la grupa [4] del caballo delante de él, piensa que debe conducirla a un lugar seguro. No deben volver a capturarla.

Galopa y galopa bajo la luz de la luna, hasta ver a lo lejos la misión de San Gabriel.

Por fin los dos llegan a la finca de fray Felipe. El Zorro baja de su caballo y toca muy fuerte a la puerta. En seguida fray Felipe abre la puerta.

—Fray Felipe, hermano, necesito su ayuda —dice el Zorro—. Esta joven doncella es la hija de don Carlos Pulido. Por favor, ¿puede usted proteger y esconder a Lolita durante unos días en su casa? Su vida está en peligro.

—Sí, por supuesto —le contesta fray Felipe.

El Zorro da un beso a la joven y le susurra al oído:

—Te amo.

Y vuelve a marcharse al galope en la oscuridad, mientras fray Felipe acompaña a Lolita en casa y cierra con llave la puerta.

---

3. **rayo :**

4. **grupa :** flanco, cadera.

Después de leer

Comprensión lectora

1 **Responde a las siguientes preguntas.**

1 ¿Quién llega al despacho del capitán Ramón?

2 ¿Por qué el gobernador quiere encarcelar a los Pulido?

3 ¿A qué pena quiere condenar el gobernador a los Pulido?

4 ¿Quién arrestan los soldados?

5 ¿Qué hace el Zorro cuando oye esta nueva injusticia?

6 ¿A qué hora quedan los vengadores?

7 ¿Qué lleva cada vengador?

8 ¿Qué deben hacer para rescatar a los Pulido?

9 ¿Por qué fray Felipe tiene que proteger y esconder a Lolita?

10 ¿Qué hace el Zorro cuando sabe que Lolita está a salvo?

Comprensión auditiva

14 **2** **Escucha la grabación y completa el siguiente fragmento.**

—Estamos aquí para (**1**) .... a don Carlos y a su familia, pues son inocentes. Debemos (**2**) .... en el fuerte, desarmar a los (**3**) .... y liberarles. Además tenemos que hacerlo en (**4**) .... Francisco, tu llevas a don Carlos al (**5**) .... de Pala. José, tu a doña Catalina a la hacienda de los Vega. Yo (**6**) .... a Lolita con fray Felipe. Deben permanecer escondidos durante (**7**) .... días.

El Zorro y los vengadores penetran en la (**8**) ...., sorprenden a los guardias y rescatan a la familia Pulido. Don Carlos y doña Catalina llegan a su (**9**) ....

Los soldados persiguen al Zorro y a Lolita en la noche, mientras la luna se alza (**10**) .... las colinas. Pero el caballo del Zorro es rápido como un (**11**) ....

Gramática

Los pronombres de complemento

Se utilizan para sustituir el **objeto directo** o **indirecto**. Para las primeras dos personas de singular y de plural coinciden con los pronombres reflexivos, mientras que para la terceras personas de singular y plural su forma es la siguiente:

	compl. directo	compl. indirecto
masculino singular	lo	le
femenino singular	la	le
masculino plural	los	les
femenino plural	las	les

Si el verbo está en infinitivo, los pronombres siguen el verbo.

*Hay que rescatar **a Lolita**.*   *Hay que **rescatarla**.*

Si el verbo está en presente de indicativo, los pronombres se anteponen al verbo.

*Los soldados persiguen **al Zorro**.*   *Los soldados **lo** persiguen.*

A veces se utilizan ambos pronombres dentro de la misma frase. En este caso el de complemento indirecto se transforma en **se** y precede al pronombre de complemento directo.

El capitán Ramón cuenta al gobernador lo que ha pasado.

*El capitán Ramón **se lo** cuenta al gobernador.*

3 Completa las frases con el pronombre de complemento adecuado. Comprueba tu elección buscando las frases dentro del capítulo.

1 Don Diego se dirige a casa del gobernador y .... pregunta por qué sus amigos están encarcelados.

2 Los vengadores tienen que penetrar en el fuerte, y además tienen que hacer .... en silencio.

3 —¡Son amigos del Zorro! .... ayudan y .... protegen. ¡Son traidores!

4 .... agradezco la información acerca de la familia Pulido. —dice el gobernador al capitán Ramón.

4 Transforma las siguientes frases utilizando los pronombres de complemento directo.

0   El Zorro cabalga su caballo con maestría.
    El Zorro lo cabalga con maestría.

1   Los vendicadores deben rescatar a los Pulido.
2   El Zorro conduce a Lolita a un lugar seguro.
3   El gobernador quiere encontrar al Zorro.
4   A lo lejos el Zorro ve la misión.
5   ¡Estoy aquí para proteger a usted, Lolita!
6   El Zorro es muy hábil, y nadie consigue capturar al Zorro.

5 Ahora transforma las frases utilizando los pronombres de complemento indirecto.

0   El capitán Ramón escribe una carta al gobernador.
    El capitán Ramón le escribe una carta.

1   El gobernador manda a sus hombres arrestar a los Pulido.
2   El Zorro protege y ayuda a los pobres.
3   ¡Hay que liberar a los Pulido!
4   El Zorro dice a fray Felipe: —¿puede proteger a Lolita?
5   ¡Por supuesto! —contesta fray Felipe al Zorro.
6   El Zorro da un beso apasionado a la joven Lolita.
7   Lolita susurra al oído del Zorro que quiere al Zorro.
8   Tengo que contar a usted algo, señor capitán...

Expresión oral

6 Cuenta a tu compañero como el Zorro y los vengadores consiguen rescatar a la familia Pulido.

Los bandidos de California

La fiebre del oro

Se dice que para crear la figura del Zorro, McCulley se puede haber
inspirado en personajes realmente existidos: unos bandidos vividos
en California·cerca de 1850, durante la **fiebre del oro**. Son personajes
legendarios, que forman parte del folclore de los habitantes de origen
español, y uno de ellos es Joaquín Murieta.

En los años de la fiebre del oro, muchas personas llegan a California.
Muy pronto nacen muchas tensiones entre californianos de origen
español y norteamericanos de origen inglés llegados en busca de
oro. Las discriminaciones y el racismo son fuertes. A los mineros [1] de
origen español el gobernador impone un alto impuesto para extraer el
oro, y les acusa de transgresores. Por eso algunos hombres se unen en
bandas, para proteger a la gente latina y quitar a los norteamericanos
las riquezas que ellos han robado al pueblo.

---

1.   **minero** : persona que trabaja en las minas para extraer el oro.

Joaquín Murieta

Se dice que Murieta llega a la zona de la Sierra Nevada, cerca de San Francisco, en 1850, en busca de oro. Sin embargo lo que ve le hace sufrir. No hay riqueza. Solo hay desigualdades e injusticias. Por eso decide formar la banda de **Los Joaquines**. Estos bandidos son muy hábiles: roban caballos y dólares, asaltan las diligencias en las que los *yankees* transportan el oro. Para el pueblo latino Murieta representa la figura del justiciero romantico; lo llaman el *Robin Hood de El Dorado* o el *Fra Diavolo de El Dorado*.

Joaquín Murieta, en una pintura de Carl Christian Nahl

Para su captura el gobernador de California ofrece una recompensa de 5000 dólares, y en 1853 los *Rangers* del gobernador descubren su guarido [2] en la zona de **Tres Piedras** y le condena a muerte. Después de su muerte, en muy poco tiempo su figura se convierte en un símbolo para el pueblo de origen español: el símbolo de una tierra perdida y de una condición de inferioridad que obliga a los californianos de origen español someterse a los nuevos conquistadores norteamericanos.

Salomón Pico y Tiberio Vázquez

La fama de Murieta ha atravesado más de 150 años de historia californiana, y todavía sigue viva en la memoria de los habitantes. Como la de Murieta, hay otras figuras de bandidos, vividos en los mismos años, considerados unos justicieros por el pueblo, y peligrosos delincuentes por las autoridades norteamericanas. Entre

2.   **guarido** : escondite, lugar donde se esconde una persona.

Tres Piedras

otros, dos se dice que pueden haber contribuido a inspirar la figura del Zorro. El primero es **Salomón Pico**, primo del último gobernador de origen español de Alta California, y bandido muy respetado por su pueblo. Salomón, como el Zorro, lleva una doble vida: por el día es un respetable ganadero [3] y por la noche cabalga rápido para robar a los norteamericanos su oro.

El otro bandido es **Tiberio Vázquez**, un joven mexicano que decide ser un delincuente para proteger a su familia, ya que no encuentra ayuda por parte de las autoridades. Organiza robos y saqueos en el pueblo de Kingston, en tierras del actual Arizona.

Comprensión lectora
1 Ahora contesta a las siguientes preguntas.

1 ¿Quién es Joaquín Murieta?
2 ¿Cuál es la causa de las tensiones entre latinos y norteamericanos?
3 ¿En qué año Murieta llega a California? ¿Por qué?
4 ¿Qué figura representa Murieta para el pueblo latino?
5 ¿Cómo se llaman los otros dos bandidos que han inspirado el Zorro?

3. **ganadero** : persona que cuida de las bestias.

El combate final

Los soldados persiguen al Zorro durante toda la noche, pero no 15 consiguen capturarle.

La tarde siguiente el Zorro entra con sigilo en la casa del gobernador. Quiere hablar con él y con el capitán Ramón. Los dos hombres están sentados junto al fuego.

El Zorro entra y dice:

—¡Quietos y en silencio! ¡Quiero hablar con vosotros!

Tiene una pistola en la mano y una espada en la otra.

—Zorro, ¿qué haces aquí? —pregunta sorprendido el gobernador.

—¡Es usted hombre muerto! —exclama el capitán Ramón.

—Estoy aquí para defender la justicia y para saber la verdad. Gobernador, ¿por qué quiere castigar a la familia Pulido?

—Son traidores, son sus amigos, le ayudan. Sus amigos son mis enemigos —dice el gobernador.

—No son traidores, no me ayudan y no son mis amigos —contesta el Zorro.

—Esta carta les acusa, puede leerla —dice el gobernador.

El Zorro lee la carta y dice:

—Capitán, ¡es usted un mentiroso! Y estoy aquí para castigarle. ¡Tiene que decir ahora mismo la verdad al gobernador acerca de la familia Pulido!

El Zorro apunta su pistola a la cabeza del capitán Ramón diciendo:

—¡Si no cuenta la verdad al gobernador disparo!

El capitán no dice una palabra, está pálido.

—¡Vamos! ¡La verdad! ¡Mentiroso! —vuelve a repetir el Zorro.

—Pues bien, sí, es exacto. La carta no dice la verdad.

—¡Esto es terrible! —dice el gobernador—. ¡Es usted un mentiroso y no puede ser el capitán del fuerte!

En ese momento el capitán desenfunda su espada e intenta herir al Zorro a traición. Luchan durante un rato largo. Finalmente, el Zorro mata al capitán Ramón.

Fuera hay soldados por todas partes. Quieren capturar al Zorro. También está Lolita montada sobre un caballo.

El Zorro la llama:

—¡Lolita! ¡Vamos a refugiarnos en la taberna! ¡Esta vez sí que va a ser difícil salvarnos! ¡Hay soldados por todas partes!

—¡Contigo me siento siempre a salvo, Zorro! —grita Lolita—. ¡No tengo miedo porque sé que tú me proteges!

Se dirigen a caballo hacia la taberna, y consiguen esconderse

en ella. Los soldados intentan tirar abajo la puerta, el Zorro está dispuesto a luchar.

De repente, los vengadores llegan para rescatar al Zorro y a Lolita, refugiados dentro de la taberna. Quieren hablar con el gobernador, explicarle toda la verdad, la historia del Zorro, el justiciero enmascarado que protege a los débiles.

Tras largas negociaciones, consiguen finalmente convencer al gobernador de la inocencia del Zorro.

Lolita y el Zorro salen finalmente de la taberna. Son libres. Todo el mundo está contento y alegre.

El gobernador exclama:

—¡Ahora que eres libre, puedes mostrarnos tu cara!

—¡Sí, sí! —grita la gente—, ¡queremos ver la cara del Zorro!

Entonces, el Zorro se quita la máscara, ante el asombro general.

—Pero ¡si es don Diego Vega! —exclama el gordo sargento González—. ¡Es increíble!

—¡Mi hijo don Diego! —exclama don Alejandro—. ¡No lo puedo creer! ¿Cómo es posible?

Lolita le mira y dice:

—¿Es esto verdad o es un sueño? Usted don Diego, ¡usted es el Zorro!

—El Zorro o don Diego, ¿qué importa? —le dice, mirándola tiernamente, mientras le rodea el talle con su mano—. Lo único que realmente me interesa es ser tu esposo, amor mío.

Después de leer

Comprensión lectora

1 **Contesta a las siguientes preguntas.**

1 ¿Por qué el Zorro entra en la casa del gobernador?

2 ¿Qué es lo que quiere saber el Zorro?

3 ¿Qué le contesta el gobernador?

4 ¿Qué es lo que acusa a la familia Pulido?

5 ¿Por qué el Zorro apunta su pistola a la cabeza del capitán Ramón?

6 ¿Dónde va a refugiarse el Zorro?

7 ¿Quién viene para rescatar al Zorro y Lolita? ¿Qué quieren hacer?

8 ¿Cómo consiguen ser libres el Zorro y Lolita?

9 ¿Qué hace el Zorro ante el asombro general?

10 Al final, ¿qué es lo único que interesa a don Diego?

2 **Ordena cronológicamente los acontecimientos.**

a ☐ El Zorro y Lolita se refugian en la taberna.

b ☐ El capitán Ramón y el Zorro luchan.

c ☐ La gente quiere ver la cara del Zorro.

d ☐ Los vengadores llegan para ayudar al Zorro.

e ☐ El Zorro pregunta al gobernador por qué quiere castigar a los Pulido.

f ☐ El Zorro entra en la casa del gobernador.

g ☐ El Zorro se quita la máscara.

h ☐ El capitán Ramón cuenta la verdad.

i ☐ El Zorro mata al capitán Ramón.

j ☐ El gobernador muestra la carta al Zorro.

k ☐ El Zorro y Lolita son libres.

Comprensión auditiva

16 **3** Escucha las cinco afirmaciones y marca con una ✗ si son mentiras o si son la verdad.

1   a ☐ es verdad   **b** ☐ es mentira
2   a ☐ es verdad   **b** ☐ es mentira
3   a ☐ es verdad   **b** ☐ es mentira
4   a ☐ es verdad   **b** ☐ es mentira
5   a ☐ es verdad   **b** ☐ es mentira

Léxico

4 Sustituye las expresiones en negrita por su sinónimo.

a no cuenta la verdad   **d** enseña
b sin hacer ruido   **e** abraza
c con alevosía   **f** estupor

1   ☐   El Zorro entra en la casa del gobernador **con sigilo**.
2   ☐   El Zorro **rodea el talle** a Lolita.
3   ☐   El Zorro se quita la máscara y **muestra** la cara.
4   ☐   La gente mira al Zorro con **asombro**.
5   ☐   El capitán Ramón **es un mentiroso**.
6   ☐   El capitán intenta herir al Zorro **a traición**.

Expresión oral

5 ¿Te ha gustado la historia del Zorro? ¿Crees que don Diego es el hombre justo para Lolita? ¿Crees que en la actualidad existen personajes buenos y valientes como el Zorro?

1 **Elige la opción correcta entre las dos propuestas.**

1 Don Diego Vega es un hombre
  a ☐ valiente.
  b ☐ sin energías.

2 El capitán Ramón
  a ☐ quiere ser gobernador.
  b ☐ quiere conquistar a Lolita Pulido.

3 La señorita Lolita Pulido es
  a ☐ hermosa y joven.
  b ☐ caprichosa y antipática.

4 Don Alejandro Vega
  a ☐ aprecia la falta de vitalidad de su hijo.
  b ☐ admira la valentía del Zorro.

5 Bernardo es
  a ☐ el sirviente de don Diego.
  b ☐ el fraile que protege y esconde a Lolita.

6 El sargento González
  a ☐ es gordo y pesado.
  b ☐ es más hábil que el Zorro.

7 Fray Felipe
  a ☐ no soporta las injusticias de los soldados.
  b ☐ informa el capitán donde se esconde el Zorro.

8 Los vengadores
  a ☐ son unos bandidos.
  b ☐ quieren ayudar al Zorro.

9 El gobernador de California
  a ☐ considera a don Carlos Pulido un traidor.
  b ☐ es amigo del Zorro.

10 Delante de todo el pueblo el Zorro
  a ☐ muestra su cara.
  b ☐ se despide de todos y se va con su caballo negro.

2 Busca las siguientes palabras en la sopa de letras. Las letras que quedan forman el nombre de un personaje del cuento.

cabaña   espada   máscara   matrimonio   nativo
soldado   todo   hacienda   pistolas   tasa   eso   taberna
sargento   fraile   fuga   caballo   amantes

D	O	O	S	E	T	N	A	M	A
E	N	D	C	A	B	A	Ñ	A	P
S	S	I	S	E	H	T	R	T	I
P	C	A	F	G	A	I	E	R	S
A	A	R	R	O	C	V	B	I	T
D	B	A	A	G	I	O	A	M	O
A	A	C	I	V	E	E	T	O	L
G	L	S	L	G	N	N	A	N	A
U	L	A	E	O	D	O	T	I	S
F	O	M	O	D	A	D	L	O	S

El personaje del cuento es: ....

3 Ahora completa el texto con las preposiciones correctas.

González sabe que las huellas (**1**) .... Zorro se dirigen
(**2**) .... esta hacienda. Desmonta e inspecciona las huellas
(**3**) .... polvoriento camino, pero no está seguro si conducen
(**4**) .... la casa o no. Da rápidas órdenes: la mitad
(**5**) .... los hombres se quedan (**6**) .... el sargento,
mientras que los demás se dispersan (**7**) .... poder rodear
la casa, registrar las cabañas de los nativos y los graneros. Entonces
llama (**8**) .... la puerta (**9**) .... la empuñadura
(**10**) .... su espada. Poco después la puerta se abre. Aparece
fray Felipe (**11**) .... una vela (**12**) .... la mano.